5분 안에 청중을 사로잡는

자신만만 강의
기적의 비법

자신만만
기적의 강의비법

초 판 1쇄   2020년 09월 16일

지은이 신민희
펴낸이 류종렬

펴낸곳 미다스북스
총괄실장 명상완
책임편집 이다경
책임진행 박새연 김가영 신은서 임종익
본문교정 최은혜 강윤희 정은희 정필례

등록 2001년 3월 21일 제2001-000040호
주소 서울시 마포구 양화로 133 서교타워 711호
전화 02) 322-7802~3
팩스 02) 6007-1845
블로그 http://blog.naver.com/midasbooks
전자주소 midasbooks@hanmail.net
페이스북 https://www.facebook.com/midasbooks425

© 신민희, 미다스북스 2020, *Printed in Korea.*

ISBN 978-89-6637-851-7 03190

값 15,000원

5분 안에 청중을 사로잡는

자신만만 강의
기적의 비법

신민희 지음

강의·교수법
코칭 전문가의
비법 대공개

미다스북스

세상 앞에서 당당히 강의를 펼치게 될 당신에게

나는 주로 대학이라는 무대에서 교직이나 학습 역량 관련 교과목을 강의했다. 나름대로 다양한 교수법과 학습 모델을 시도하며 나만의 강의 전략을 찾아나갔다. 이런 경험을 바탕으로 나는 전국의 대학에 재직하는 교수들을 대상으로 〈수업 디자인〉, 〈강의 설계 전략〉, 〈문제 중심 학습의 운영과 실천〉 그리고 〈프로젝트 교수법〉 등의 주제로 세미나를 다녔다.

학생들을 대상으로는 〈목표 설정과 시간 관리 전략〉, 〈학습 포트폴리오〉, 〈자기 주도 학습과 실천 전략〉, 그리고 〈커뮤니케이션 스킬과 프레젠테이션〉 등의 주제로 학습법 특강을 진행하기도 했다. 교수법과 학습법에 대한 다양한 실천을 바탕으로 15년이 넘는 강의 경력을 쌓고 나니 그래도 강의는 내가 할 수 있는 일 중에서 만만한 일이 되었다.

4차 산업 혁명 시대에 들어서면서 자신만의 강의 콘텐츠와 경험을 가진 많은 사람이 강사에 도전하고 싶을 것 같다. 강의하는 일이 직업인 분들은 더 좋은 강의 방법을 찾고 있었을지도 모른다. 이미 좋은 강의를 하고 있지만 여러 가지 방법으로 변화를 시도하고 싶은 분들도 있을 것이다.

이런 모든 분을 돕기 위해 이제는 책을 쓸 용기를 내도 좋겠다는 생각을 했다. 이 책은 좋은 강의를 위해 고려해야 할 핵심 내용을 종합적인 관점에서 소개했다. 그러면서 지식만이 아니라, 15년 넘는 기간 동안 강의를 통해 내가 경험한 살아 있는 스토리와 노력의 과정을 담으려고 노력했다. 이 책이 어떤 분들에게는 필요한 지식과 정보를 주기를, 그리고 다른 분들에게는 새로운 관점과 강의 기술을 안내하기를 바란다. 또한, 이 책을 통해 강사에 도전하려는 분들은 자신감과 용기를 얻기를 진심으로 응원한다.

1. 강의는 기획 과정을 통해 만들어지는 하나의 프로그램이다

강의 개발에 대한 지식을 가지고 있다고 모두가 강의를 잘하는 것은 아니다. 강의는 기획력의 산물이기 때문이다. 강의에 필요한 모든 요소를 분석하여 강의라는 결과물을 도출해내는 일련의 과정이다. 청중을 중심에 두고 강의를 통해 도달해야 할 목표가 무엇인지, 청중의 변화를 유도하는 내용은 어떤 것인지 분석할 필요가 있다.

이러한 분석을 통해 목표에 맞는 강의 내용을 결정하고, 내용을 풍부하게 하는 사례를 발굴한다. 청중에게 구체적인 경험을 제공하기 위한 다양한 매체를 선정하기도 한다. 청중의 이해를 촉진하는 방식으로 강의의 전반적인 흐름과 절차를 설계할 필요도 있다. 순환적인 피드백을 통해 강의의 질을 높이는 수정과 보완 활동도 실천하는 것이 좋다. 따라서 강의 개발은 목적이 있는 하나의 프로그램을 만드는 일과 같다.

기획을 잘하면 청중에게 필요한 강의를 하게 된다. 강사는 기획의 과정을 통해 청중에게 정말 필요한 내용과 메시지가 무엇인지 고민하게 된다. 기획을 통해 만들어진 강의 내용은 군더더기가 없다. 내용이 명료하고 깔끔하여 청중이 강의 내용의 핵심을 이해하기 쉽다. 청중이 필요로 하는 내용만을 가지고 구조화하기 때문이다.

기획을 잘하면 청중에게 도움이 되는 강의를 하게 된다. 청중을 위한 목표를 설정했기 때문에 청중에게 유익한 성과를 산출하도록 돕는다. 청중이 목표에 도달하도록 유도하는 과정을 구성해서 전개하게 된다. 청중은 과정을 따라가면서 저절로 강의에 참여하는 경험을 한다. 청중이 얻어야 할 결과를 끌어내기 위해 각 내용과 경험이 설계되었기 때문이다. 결과적으로 청중은 강의를 통해 많은 것을 얻게 된다.

2. 강의는 콘텐츠로 승부한다

강의는 스피치가 아니다. 강의는 분명한 주제를 가지고 강사와 청중이 만나 공동의 목적을 이루어 내는 과정이자 산물이다. '말을 잘하면 강의를 잘한다.'나 '말을 잘하지 못하면 강의를 잘 못할 것이다.'라는 가정은 일반적으로 맞지 않은 경우가 많다. 물론 강사가 말을 잘하는 사람이면 강의할 때 많은 도움이 된다. 그러나 뛰어난 언어 능력이 좋은 강의를 보장하는 것은 아니다. 강의는 콘텐츠의 산물이기 때문이다.

콘텐츠가 잘 구성되어 있어야 좋은 강의가 된다. 콘텐츠 구성 능력 없이 말 잘하는 능력으로 강의하는 시대는 아니라는 것이다. 콘텐츠 구성 능력이란 강사의 전문적인 관점으로 자료와 정보를 분석하여 자신만의 고유한 콘텐츠로 가공하는 능력이다. 여기서 중요한 것은 바로 분석과 가공이다. 강사가 청중을 위해 목적에 맞는 방식으로 내용을 분석하여 자신만의 전략으로 내용을 디자인하는 것이다. 이러한 의미에서 강사는 콘텐츠 크리에이터가 되어야 한다.

3. 자신의 독특한 경험은 훌륭한 콘텐츠가 된다

자신만의 독특한 경험은 훌륭한 콘텐츠가 될 수 있다. 독특한 경험이 가지는 신기함 때문이다. 독특한 경험을 갖고 싶다면 만들 수 있다고 말하고 싶다. 단지 도전 정신과 자신만의 삶에 대한 진정성을 발휘할 수 있다면 말이다. 더구나 지금 어려운 환경에 처해 어찌할 바를 모르고 있다면 독특한 경험을 만들기 위한 기회가 왔다고 생각하라.

그 환경에 어떻게 대처하는가에 따라 여러분의 스토리는 달라질 수 있다. 환경을 기회로 만들기 위해 무엇을 해야 하는지 고민하면 지혜로운 방법이 생각날 수도 있다. 그리고 실행하여 나만의 경험을 만들라. 누구나 노력하면 많은 사람에게 전달할 수 있는 나만의 값진 경험을 만들 수 있다.

이 책은 모두 5장으로 구성되었다. 우선 1장은 청중 앞에서 두렵지 않은 강의를 하려면 무엇을 알아야 하고, 어떤 마음으로 강의를 준비해야 하는지를 다루었다. 청중을 파악하는 것의 중요성을 언급하며 강의를 기획해야 하는 산물로 강조한다. 또한, 강사의 일방적인 독무대가 아닌 강의를 통해 커뮤니케이션을 실천하는 비결을 강조한다.

2장은 강의를 체계적으로 설계하기 위한 핵심 내용을 다루었다. 강의 내용을 개발하기 위한 기획의 필요성과 교수 설계 절차를 소개한다. 청중의 특성을 반영한 강의를 기획할 수 있도록 청중의 다양한 스타일을 안내한다. 또한, 목표를 설정하고 목표에 맞는 강의 내용을 설계하는 과정을 강조한다. 마지막으로 콘텐츠를 확보하는 다양한 방법과 통로를 소개한다.

3장은 콘텐츠를 구성하는 다양한 방법과 내용을 다루었다. 우선, 콘텐츠를 스토리화하는 방법을 안내한다. 자신의 전문성과 에피소드, 그리고 경험을 살려 콘텐츠를 만드는 구체적이고 다양한 사례를 소개한다. 또한, 콘텐츠를 구성하는 몇 가지 핵심적인 방법을 안내하고, 예를 통해 이해를 돕고자 노력했다. 마지막으로 전통적인 콘텐츠를 개발하는 방식이 아닌 새로운 방법으로 콘텐츠를 끌어낼 수 있는 모형을 소개한다.

4장은 앞 장에서 다루지 못한 다양한 기법을 안내했다. 우선, 강의계획안의 구성 요소에서부터 구체적인 절차까지 예를 들어 소개한다. 청중을 주인공으로 만들어 강의 내내 집중할 수 있도록 만드는 다양한 동기 고무 전략을 안내한다. 또한, 강의 시작 5분 안에 청중을 사로잡는 기술과 청중이 핵심 메시지를 기억하게 하는 기술을 통해 강의의 시작과 마무리를 효과적으로 진행할 수 있도록 도왔다. 마지막으로 체계적으로 강의를 진행할 수 있는 강의 절차를 구체적으로 안내한다.

5장은 전문 강사가 되어 평생 현역으로 행복하게 살 수 있는 다양한 사례를 다루었다. 우선, 강사가 되려고 준비하고 있는 예비 강사와 예비 교사들에게 전문 강사를 준비하고 도전할 수 있도록 안내한다. 은퇴 후 다양한 기회를 통해 강사 되기에 성공한 분들의 사례를 통해 제2의 인생을 꿈꾸는 분들에게 용기를 드린다. 또한, 실제 사례를 소개하면서 현직 교수와 교사로 재직하는 분들이 전문 강사로 도약할 수 있는 마음가짐을 가질 수 있도록 고무한다.

목 차

프롤로그 세상 앞에서 당당히 강의를 펼치게 될 당신에게   004

1장 왜 나는 청중들 앞에 서면 두려울까?

01 청중이 무엇을 원하는지 알고 있는가?   017

02 청중의 특성을 파악하라   024

03 강의 주제와 내용이 일치하는가?   032

04 강의 기획을 잘하면 실수하지 않는다   039

05 강의 콘텐츠를 완전히 내 것으로 만들어라   045

06 일방적으로 강의하지 마라   051

07 공포증 극복은 완벽한 준비에서 나온다   058

2장   **청중을 사로잡는 강의는 기획부터 다르다**

01   완벽한 강의는 완벽한 기획에서부터 시작한다   067

02   강의 기획력은 만들어진다   073

03   청중이 원하는 것을 파악하라   079

04   청중에 대한 분석은 강의의 기본이다   091

05   목표가 명확하면 콘텐츠도 명확해진다   103

06   강의 내용을 논리적으로 전개하라   112

07   콘텐츠를 풍부하게 만드는 다양한 비법   118

3장   **지식과 경험으로 부족한 콘텐츠 채우는 기술**

01   스토리로 푸는 콘텐츠 설득의 비밀   131

02   자신의 전문 분야에서 콘텐츠를 끌어내라   138

03   일상적인 소재로 콘텐츠에 맛을 더하라   145

04   자신의 독특한 경험은 훌륭한 콘텐츠가 된다   151

05   답은 스피치가 아닌 콘텐츠 구성 능력이다   157

06   결국, 콘텐츠가 답이다   164

07   콘텐츠 개발에 필요한 아주 간단한 프로세스   174

4장 **강의의 품격을 높이는 8가지 테크닉**

01 한눈에 들어오는 '강의계획안'을 만들어라　　　183
02 나만의 강의 스타일로 품격 있는 강사가 되라　　190
03 품격 있는 강사가 되게 하는 강의 원칙　　　　199
04 청중을 무대의 주인공으로 만드는 기술　　　　206
05 강의 시작 5분 안에 청중을 사로잡는 기술　　　214
06 강의 내내 청중을 내 편으로 만드는 기술　　　　223
07 청중이 핵심 메시지를 기억하게 하는 기술　　　232
08 청중을 매혹하는 강의 절차 구성의 비밀 ①　　239
09 청중을 매혹하는 강의 절차 구성의 비밀 ②　　246

5장 **전문 강사가 되어 평생 현역으로 살아라**

01 전문 강사가 되어 평생 현역으로 살아라　　　259
02 인생 2막은 강사로 살아라　　　　　　　　　267
03 지금 당장 전문 강사 되기에 도전해야 하는 이유　273
04 품격 있는 강사의 3가지 태도　　　　　　　　280
05 매일 배우고 그 배움으로 나누는 사람이 되라　287

에필로그 전문 강사가 되어 자신 있게 강의하라   294

1장

왜 나는
청중들 앞에 서면
두려울까?

01

청중이 무엇을 원하는지
알고 있는가?

강사는 강의를 기획하기 전에 청중이 무엇을 원하는지부터 정확히 파악할 필요가 있다. 다양한 청중을 대상으로 정말 다양한 강의가 운영되고 있다. 그러나 어떤 유형의 강의든지 가장 중요한 것은 청중에 대한 분석을 기반으로 강의 내용이 조직되어야 한다는 것이다. 똑같은 주제나 내용이라고 할지라도 청중이 달라지면 강의의 대부분은 수정되어야 한다. 강의 목표와 내용은 물론이고, 사례와 질문도 청중의 요구를 만족할 수 있도록 기획되어야 한다.

몇 년 전 한 대학교에서 주최하는 교수법 세미나에 참석한 적이 있다. 커뮤니케이션에 대한 주제로 관련 회사를 운영하는 대표가 강의를 진행했다. 강사는 커뮤니케이션을 '개인 간의 소통'이라는 일반적인 개념으로 정의하고 강의 내용을 구성했다. 강의의 소주제가 '부부간의 소통'과 '자녀와 부모 사이의 소통'이었다.

그런데 세미나의 커다란 주제 영역은 교수법이었다. 세미나의 청중은 교수법에 관심 있는 교수들과 교육공학 전공 대학원생이었다. 청중의 대부분은 프로젝트나 가르치는 일과 관련하여 커뮤니케이션 경험이 어느 정도 있는 사람들이었다. 강사는 이들의 특성을 배려한 커뮤니케이션 기법을 다루어야 했다. 청중이 누구인지 전혀 고려하지 않은 것이었다.

강사가 제공하는 사례와 에피소드 또한 청중에게 전혀 맞지 않았다. 청중이 원하는 것은 일과 관련된 효과적인 소통 전략이나 기법에 대한 노하우를 습득하는 것이었다. 그런데 강사는 본인 자신과 관련된 사적인 에피소드를 너무 많이 다루고 있었다. 나는 그 강의를 끝까지 듣지 못했다. 시간이 너무 아까웠기 때문이다.

청중이 강의를 통해 얻고자 하는 가장 기초적인 것은 배움이다. 그들은 강의를 듣고 새로운 지식을 이해하여 기존에 알고 있던 지식을 확장하기 원하며, 어떤 능력을 효과적으로 발휘할 수 있는 기술이나 전략을 배워 자신의 역량을 올리고 싶어 한다. 또한 자신이 생각지도 못했던 삶의 지혜가 담긴 메시지를 듣고 마음가짐과 태도를 바꾸어 더 나은 삶을 살고 싶어 한다. 청중이 진짜 원하는 것은 어떤 의미에서든 긍정적인 변화이다. 이 변화를 위해 시간과 돈을 투자하여 강의를 듣는 것이다.

지식을 전달하는 강의의 경우 청중의 지식 구조에 맞게 재가공하여 설명해야 한다. 청중이 이해할 수 있는 방식으로 바꾸어서 전달할 필요가 있다. 최근 청소년을 위한 기업가 정신 교육 프로그램에 관심이 생겨 기업가 정신에 대한 강좌를 들은 적이 있다. 강의하는 분은 경영학 박사라고 했다. 그런데 강의 자료를 열어놓고 그냥 자료를 읽는 방식으로 진행하는 것이었다. 강의 준비를 하지 않은 것 같았다.

물론 경영학 박사라고 해도 '기업가 정신'을 능숙하게 강의하지 못할 수도 있다. 그러나 청중을 분석하여 청중이 핵심 내용을 이해할 수 있도록 가공할 수는 있다. 또한 기업가 정신을 구성하는 주요 마인드 셋이 무엇인지 조사하고, 각각의 마인드 셋을 가장 잘 실천하여 본이 된 사람들의 사례를 수집할 수 있으며, 사례로부터 실제적이고 구체적인 방법이나 팁을 도출해낼 수 있다. 강단에 서기 전 청중이 원하는 것을 파악하려는 노력은 필수적인 것이라고 말할 수 있다.

대학교의 교수학습개발센터에서 조사한 자료들에 따르면 대학생들이 싫어하는 교수의 유형에 '혼자서 강의하시는 교수님'이 포함된다. 학생들이 이런 교수에 거부 반응을 보이는 이유는 학생들이 강의를 잘 따라오고 있는지 살피지 않고 진도만 나가기 때문이다. 이러한 유형의 교수는 강의 내용을 이해하기 위해 학생들이 겪는 어려움을 민감하게 파악하지 않는다. 이해하는 것은 학생들의 몫이라고 생각할 수도 있다.

이런 교수는 이론이나 원리를 다룬 후 이해도를 높이기 위해 예를 들어 설명하는 것을 생략하는 경우가 많다. 학생들에게 이론은 이론일 뿐이다. 예를 들어 설명하지 않으면 아무리 잘 설명해도 어렵게 느껴진다. 학생들이 원하는 것은 지식을 이해하고 자기 것으로 소화하는 것이다. 이를 위해 학생들이 잘 이해할 수 있도록 돕는 방식을 고민할 필요가 있다.

기술이나 기법을 전수하는 강의는 청중이 배워 실천할 수 있는 노하우를 전수할 필요가 있다. 관련 지식에 대한 이해를 넘어서서 실제 생활에 적용할 수 있는 구체적인 실천 전략을 안내하는 것이 좋다. 그래야 자기계발에 도움이 되는 비법을 자신의 것으로 내면화할 수 있다. 실제로 적용하고 응용해보면서 키울 수 있는 능력이기 때문이다.

김 교수의 '회복 탄력성'에 대한 강의를 예로 들 수 있다. TV에 방영된 프로그램을 보면서 강의 구성이 매우 좋다고 생각했다. 적절한 예를 통해 회복 탄력성에 대한 개념을 이해할 수 있게 도왔다. 회복 탄력성 키우기 전략으로 관계 맺는 능력을 추천하면서 자기 존중과 타인 존중에 대한 실천 방법을 소개하였다.

청중에게 감동을 주는 메시지를 담은 강의를 하는 경우, 자신의 실제적인 경험을 담은 에피소드를 얘기하는 것이 좋다. 좋은 경험이든 나쁜 경험이든 강사의 실제적인 얘기는 현실감 있게 전달된다. 강사의 경험이 나쁜 것일수록 청중의 관심은 커질 수 있다. 왜냐하면, 고난을 극복한 강사의 살아 있는 체험담이 나올 것이기 때문이다.

〈세상을 바꾸는 시간〉에 출연한 박 작가의 '나를 믿어주는 한 사람의 힘'이란 주제의 강연이 여기에 해당한다. 강사는 고등학교를 재수하게 된 자신의 이야기를 끝까지 미소를 띠며 이어나갔다. 그러나 청중은 눈물을 보이면서 이야기를 들었다. 강사가 처한 어려움이 직접 체험한 실제적인 경험이었기 때문이다. 그리고 역경을 극복할 수 있었던 힘도 아버지의 남겨진 편지로 매우 구체적이었다. 이런 진실한 이야기는 청중에게 감동을 준다.

청중이 원하는 것을 파악하기는커녕 청중이 원하는 것을 무시하거나 청중 자체를 얕보는 강사가 있다. 창업 관련 기관에서 제공하는 강의를 들은 적이 있다. 초기 창업 기업을 운영하는 사람을 대상으로 열리는 강좌로 일반인도 참여할 수 있었다. 강의 주제는 '자신만의 창업 전략으로 성공하기'였다. 강사는 안정적인 성장세를 타고 있는 스타트업을 운영하는 대표였다.

그의 성공적인 창업 전략을 알고 싶어 하는 사람들이 많이 참석했다. 강사는 자신이 창업하는 과정에서 경험한 소소한 에피소드와 자랑으로 강의를 채우고 있었다. 창업을 원하는 사람들이 어떠한 전략을 가지고 창업을 준비해야 하는지에 대한 내용은 거의 없었다. 하나둘씩 강의장을 빠져나가는 사람들을 보며 정말 안타까웠다.

자신이 가진 탁월한 전문성과 경험을 제대로 가르쳐주지 않는 강사도 있다. 강사는 한 대학원에서 강의하는 경영 전략 컨설팅 전문가다. 강사는 프로젝트 수주 실적이나 고객 만족도가 탁월하기로 정평이 나 있었다. 강사가 업무 경험을 통해 터득한 컨설팅 전략과 노하우는 엄청날 것이다. 그런데 강사는 인터넷을 검색하면 어디에서나 나오는 그런 콘텐츠로 강의를 했다. 학생들은 왜 그런 강의를 들어야 하는지 이해할 수 없었다.

청중이 원하는 것을 파악하는 측면에서 강사는 어린아이를 키우는 엄마와 같은 마음을 가져야 한다. 취학 전 7세까지의 아동은 능동적인 최고의 학습자이다. 자신에게 보이는 세상을 알기 위해 그들은 얼마나 열정적인가! 눈을 반짝이며 쏟아내는 질문을 보면 영락없는 탐구자이다. 매일매일 성장하기 위해 열심히 알고 싶은 것을 찾아낸다.

자기표현이 서툰 이 시기의 아이들에게 엄마 또는 양육자의 역할은 매우 중요하다. 아이가 원하는 것을 파악하여 적극적으로 반응해주고 재빨리 호기심을 해결해주어야 하기 때문이다. 이 시기에 다양한 경험과 정보의 자극으로 만족스럽게 호기심을 충족한 아이들은 지능이 더 발달한다.

강사는 청중의 발전을 돕기 위해 엄마와 같은 절실한 마음을 가져야 한다. 강의를 통해 어떠한 방면이든 한 단계 성장하기를 원하는 청중의 요구를 충족시켜야 할 필요가 있다.

청중에게 도움이 되는 목표를 설정하라. 청중에게 맞는 내용을 구성하기 위해 다양한 자료를 검색하고 탐색하라. 청중의 이해를 도모하는 방식으로 강의 자료를 가공하라. 청중이 공감할 수 있는 사례와 예화를 찾아라. 청중의 호기심을 자극하는 질문을 해라. 청중의 발전을 위해 가치 있는 다양한 기회를 개발하라. 연습을 통해 자신감 있는 모습으로 강단에 서라. 강의의 준비부터 결과까지 최선을 다하라.

02

청중의 특성을 파악하라

강의를 준비하는 과정에서 제일 필요한 일은 청중이 누구인지 아는 것이다. 어떤 경우에나 청중을 하나의 큰 특성으로 정의하기는 쉽지 않다. 그러나, 대다수 청중의 주요 특성을 파악하는 것은 매우 중요하다. 청중에 대한 주요한 특성이 분석되어야 강의를 구성하는 다양한 요소들을 적절하게 선정할 수 있기 때문이다.

일반적으로 청중을 분류하는 기준은 다양하다. 성인의 경우 직업군이나 강의를 듣는 목적을 분석할 필요가 있다. 학생인 경우는 학교급이나 전공을 고려할 필요가 있다. 이외에도 강의 주제에 대한 청중의 사전 경험이나 지식의 준비도를 파악할 필요가 있다. 이러한 정보에 기초하여 목표를 설정하거나 강의 내용의 난이도를 조절할 수 있다.

강의 내용에 대한 요구와 분석도 구체적인 설계 단계에서 활용할 수 있는 자료이다. 강의 내용의 범위나 청중의 참여를 요구하는 활동을 기획할 때 중요한 정보가 된다. 실존 데이터를 이용하여 청중의 이해를 도모하고자 할 때 청중의 특성에 적합한 것을 선정할 필요가 있다. 결과적으로 청중에 대한 파악이 제대로 이루어지지 않으면 강의의 세세한 부분에서 청중의 요구를 만족시키지 못할 수 있다.

내가 대학생들을 대상으로 하는 세미나 중에 '목표 설정과 자기 관리'라는 주제가 있다. 이를 알고 있던 중학교 교사인 친구로부터 같은 주제로 특강을 해달라는 요청이 왔다. 청소년을 대상으로 강의를 하는 것이 오랜만이었던 나는 친구의 요청이 부담스러웠다. 그 이유는 강의의 주요 내용을 전면적으로 바꾸어야 했기 때문이다. 내용을 이해시키기 위해 활용하는 사례도 중학생용으로 다시 찾아야 했다.

대학생들이 이 강의를 들을 때 기대하는 내용은 자기 관리에 대한 노하우에 무게 중심이 실려 있다. 실제로 대학생들은 대부분 이미 다양한 목표들을 관리해야 하는 상황에 직면해 있다. 취업을 위한 목표, 여러 가지 교과목 목표, 스펙을 쌓기 위한 목표 등으로 목표들은 넘쳐난다. 그러니 어떻게 실행전략을 짜서 주어진 시간 안에 결과를 만들어낼 수 있는지를 알고 싶어

한다. 이러한 요구를 반영하여 효과적인 실천 전략을 안내할 필요가 있다.

같은 주제로 중학생들을 대상으로 강의할 때 강의 내용은 목표 설정 부분에 더 무게가 실린다. 실제로 중학생들이 당면한 문제는 왜 공부해야 하는지, 공부의 가치는 무엇인지, 인생의 목표와 공부가 어떻게 연결되는지 등에 대한 것으로 학습 동기에 대한 이해도를 높이는 것이 필요하다. 목표 설정과 관련해서는 자신의 자아 정체성을 파악하여 진로 목표를 찾을 수 있도록 도울 필요가 있다.

각기 다른 그룹의 대학생들을 대상으로 '문제 해결 능력'에 대한 세미나를 진행한 적이 있다. 한 그룹은 공과대학 학생들이었고, 다른 하나는 여러 전공이 섞여 있는 그룹이었다. 이런 경우 주요한 청중 특성은 나이나 학년보다 전공 분야가 된다. 문제 해결에 대한 주요한 내용은 비슷하지만 각 그룹의 학생들에게 맞는 사례와 적용 활동은 달라져야 한다.

공과대학 학생들에게 필요한 것은 공학 실무 분야에서 생기는 문제나 실생활에서 공학과 관련된 문제의 사례이다. 이런 문제의 사례를 통해 문제 해결 과정을 경험하면서 전공지식의 습득과 더불어 공학 실무능력을 훈련할 수 있도록 돕는다. 실제 과제를 통해 문제의 해결안을 끌어내면서 전공지식을 활용하도록 유도할 수 있다.

반면, 혼합 그룹 학생들에게는 많은 학생이 경험할 수 있는 대표적인 문제를 사례로 들어 내용을 전개해야 한다. 실제 대학 생활에서 접할 수 있는 문제나 학습 상황과 관련된 핵심적인 문제를 바탕으로 문제 해결 과정을 익히고 해결안을 도출해보는 경험이 도움이 된다. 그다음 개인 과제로 구체화하여 완성할 수 있는 절차적인 경험을 유도하는 것이 좋다.

나도 학습자의 특성을 구체적으로 파악하지 않아 어려움을 경험한 적이 있다. 사범대학 학생들을 대상으로 '교육 방법 교육공학'이란 교직 과목을 가르칠 때였다. 이 과목은 교직 과목을 이수하는 학생들이 제일 마지막에 듣는 강의로, 학생들에게는 어렵고 딱딱한 과목으로 소문이 나 있었다. 나는 학생들의 거부감을 없애기 위해 어려운 내용은 조금 덜어내고, 핵심 내용을 중심으로 학생들이 이해하기 쉽게 강의를 구성했다.

어느 날 교육대학원에서 같은 과목으로 강의를 해 달라는 요청이 왔다. 학부 학생들을 대상으로 가르치던 과목이었고, 강의 평가 점수도 높았기 때문에 나는 기존 강의 자료를 크게 바꾸지 않고 수업을 진행했다. 그런데 한 학기가 지난 뒤 강의 평가를 열어 보고 나는 깜짝 놀랐다. 강의 평가점수가 5점 만점에 3.3이었다. 보통 4.0에서 4.5점 사이의 결과를 받아보던 나로서는 적잖이 놀라운 일이었다.

분명히 원인이 있을 터였다. 나는 용기를 내어 수업 태도가 호의적이었던 3명의 학생에게 전화를 걸어 커피 한잔 마시자고 제안했다. 학생들은 커피 타임에 기꺼이 와주었다. 나는 원인을 분석하기 위해 간단한 질문지를 만들어 학생들을 인터뷰했다. 학생들은 내 의도를 이해하고 나름대로 솔직하게 답

27

해주었다. 인터뷰 결과 나는 다음 강의에 고려해야 할 몇 가지 사항들을 파악할 수 있었다.

우선 사범대학에 소속된 학생과 교육대학원에 다니는 학생들은 수업에 대한 요구가 달랐다. 학부 학생들은 과목의 내용을 이해하기 쉽게 주요 핵심 내용 중심으로 배우는 것을 좋아했다. 기말과제를 통해 수업 자료를 제작해보며 실용적인 경험을 터득하는 방식에 거부감이 없었다. 학부 학생들은 교직 교과목을 이수하면 교사 자격증을 자연스럽게 획득할 수 있었다. 이해하기 쉬운 방식으로 진행하는 것이 과목에 대한 호감도를 높이는 효과를 가져왔다.

그런데 그 당시 교육대학원 학생들은 자신의 전공 과목과 교직 교과목을 이수하고 난 후, 교직 과목에 대한 일종의 종합시험 같은 것을 치러야 했다. 시험에 어떤 내용이 나올지 모르니 쉽게 배우는 것보다 자세히 배우는 것을 원했다. 시험에 대한 부담이 워낙 커서 교육공학 관련 이론과 연계된 교육심리학 분야의 지식을 포함하는 포괄적이고 자세한 내용을 다뤄주길 원했다. 교과목 시간에 가능한 많은 내용을 배워 종합적으로 시험에 대비하고 싶었던 것이다.

나는 교육대학원 학생들의 특성을 파악한 후 수업 내용을 학생들의 요구에 맞게 수정했다. 교육공학 과목에서는 학습 이론을 이론 자체보다는 설계 관점으로 배워야 한다. 나는 교육심리 영역에 해당하는 이론 부분도 보강하면서 설계 이론으로 전이할 수 있도록 더 자세히 내용을 다루었다. 형성평가를 통해 학생들의 이해도를 파악하면서 다른 과목과의 연계성을 고려해 내용을 보완해주었다. 학생들의 만족도가 올라갔다. 이것이 학생들에게 필요한 부분이었기 때문이다.

이후로 나는 청중의 특성을 알아내기 위해 적극적인 방법을 실행하게 되었다. 강의 첫 시간에 내가 먼저 학생들의 요구를 파악하기로 한 것이다. 이를 위해 나는 설문지를 개발했다. 앞부분은 학생들의 준비도를 조사하기 위해 사전지식을 묻는 시험 문제를 제공한다. 뒷부분은 강의법이나 학습 활동에 대한 선호도를 묻는 설문 문항으로 구성한다. 그리고 2가지 결과를 바탕으로 구체적인 내용의 수준이나 강의 방법의 다양성을 조절한다.

| 청중의 특성을 파악하기 위한 강의 사전 설문지 예시

1. 교육이나 학습은 무엇이라고 생각하나요?

2. 자신의 인지적 특성(지능, 사고력, 창의력, 문제 해결력 중 하나를 중심으로)
   에 대해 기술해보세요.

3. 자신의 정의적 특성(학습 동기, 성격, 정서)에 대해 기술해보세요.

1. 어떤 방식으로 강의에 참여하는 것을 좋아하나요? 모두 고르세요.

① 강의 듣기
② 조별 활동
③ 토론
④ 발표
⑤ 팀 프로젝트
⑥ 기타 참여 활동 :

자신만만 기적의 강의 비법

2. 어떤 학습의 결과물을 가치 있게 생각하나요? 모두 고르세요.

① 지식 습득

② 새로운 경험

③ 삶의 지혜

④ 학습 능력 향상

⑤ 넓은 시각

⑥ 전반적인 역량 향상(의사소통, 팀워크, 문제 해결, 발표 등)

3. 좋아하는 학습 자료나 매체를 모두 고르세요.

① PPT 자료

② 그림 / 사진

③ 동영상

④ 마인드 맵

⑤ 도표 / 다이어그램

⑥ 보고서

⑦ 실제적인 데이터 / 자료

4. 학습에 참여하면서 사용하는 전략이나 방법, 공부 기술이 있나요?

03

강의 주제와 내용이 일치하는가?

강의 주제에 맞는 내용으로 강의를 구성할 필요가 있다. 강의 주제를 중심으로 구체적인 강의 내용을 전개하지 않으면 청중은 듣는 내내 불편하다. 원하는 내용이 나오지 않으면 자리를 박차고 나가버릴지도 모른다. 강의 주제를 중심으로 청중의 특성을 고려하여 구체적인 내용을 선정하는 것은 논리적인 사고를 통해 가능하다. 이것은 너무 기본적인 원칙이라 여기서 언급하는 것조차 미안하다. 그런데 이 기본적인 원칙도 지키지 않는 강의가 많다.

예를 들어 비즈니스 모델을 강의하는 강사가 동남아 시장 트렌드를 소개하면서 여행 얘기로 강의의 반 이상을 채운다. 사업계획서 전문가인 강사가 사업계획서 작성하는 절차만 나열하고, 자신의 사업 실패담으로 강의를 대신한다. 나는 정말 이런 강사들의 강의를 들은 적이 있다. 이들은 소위 자기 분야의 전문가라고 자부하는 사람들이다. 강의 기회를 자신을 피력하기 위한 무대로 착각하는 듯하다. 강의는 청중의 요구를 충족시키기 위해 체계적으로 구성된 목적적인 활동이라는 것을 기억할 필요가 있다.

강의 주제와 내용의 논리적 연결을 고려하지 않으면 정말 청중이 듣기 괴로운 뒤숭숭한 강의를 진행하게 된다. 청중이 강의 주제를 실질적으로 이해할 수 있도록 도와주는 내용으로 구성해야 한다. 특히, 강의 내용에는 청중이 활용할 수 있는 구체적인 실천 방법이나 기법 등이 포함되면 효과적이다. 주제와 관련된 이러한 일련의 내용을 통해 청중이 통합적인 이해나 사고 과정을 경험하도록 유도할 필요가 있다.

커뮤니케이션 스킬 강의 내용

커뮤니케이션 유형	커뮤니케이션 프로세스	커뮤니케이션 향상 기술
• 대인 커뮤니케이션 • 과제수행 커뮤니케이션 • 자기 내 커뮤니케이션	• 효과적인 송신 전략 • 효과적인 수신 전략 • 코딩과 피드백	• 대화의 기술 • 보고서 작성 기술 • 5분 성찰 일기 작성 기술

'커뮤니케이션'이란 주제로 대학생들에게 특강을 여러 번 했다. 내용을 선정할 때 먼저 학생들을 대상으로 어떤 커뮤니케이션 기술이 필요한지에 대한 소규모의 요구 분석을 진행했다. 제일 요구도가 높았던 내용 항목이 일반

적인 형태의 대인 관계 소통 기술과 자기 표현력에 대한 것이었다. 나는 학생들의 요구를 반영하여 '대인 커뮤네케이션'과 '자기 내 커뮤니케이션'이란 구체적인 하위 주제를 정했다. 그리고 많은 교과목에서 보고서를 쓸 때 필요한 '과제수행 커뮤니케이션'이란 항목을 추가했다.

나는 요구 분석 결과를 참조하여 3가지 소주제를 정했다. 커뮤니케이션 유형과 커뮤니케이션 프로세스, 커뮤니케이션 향상 기술이 그것이다. 우선, 커뮤니케이션의 3가지 유형을 개괄적으로 설명한다. 그다음 효과적인 송신 전략과 수신 전략을 세부 항목으로 소개한다. 송신 전략으로 필요한 코딩 기술과 수신 전략으로 적용할 수 있는 피드백 전략을 소개한다.

마지막으로 커뮤니케이션을 효과적으로 적용하기 위한 실천 기술이나 방법에 관한 내용을 다루어 활용도를 높인다. 대인 커뮤니케이션을 위한 대화의 기술을 안내하고, 자신의 실천력을 점검할 수 있는 설문지를 제공한다. 과제수행 커뮤니케이션을 수행할 수 있도록 보고서 작성 기법과 함께 양식을 소개한다. 자기 내 커뮤니케이션 향상을 위한 성찰 일기 작성 기법을 알려주며, 다른 학생이 쓴 일기를 사례로 보여준다.

강의 주제에 맞는 강의 내용을 논리적으로 선정하여 청중이 원하는 강의를 하려면 다음 내용을 참고하는 것이 도움이 된다. 우선, 강의 주제에 대한 전문적인 지식이 있는 것이 좋다. 여기서 전문지식이란 자신이 주제를 탐구하여 이해한 후 자신의 언어로 바꾸어 강의할 수 있는지를 의미한다. 자신이 어떤 주제에 대해 전문적인 지식을 탐구하여 자신만의 내용으로 가공할 수 없다면 그 주제를 강의하는 것은 위험한 일이다.

강의 내용이 얼마나 깊고 얕은지는 청중이 먼저 알아본다. 앞의 예처럼 비즈니스 모델 강사가 여행 얘기로 강의를 채운 것은 비즈니스 모델에 대해 강의할 만큼 전문적인 지식을 가지고 있지 않기 때문이다. 아니면 자신은 알고 있는데 효과적으로 콘텐츠를 조직하는 방법을 모를 수도 있다. 어떤 특정 주제에 대해 강의할 만큼 잘 아는 사람은 모든 청중이 이해할 수 있도록 쉽게 설명할 수 있다.

다음으로 주제에 대한 실제적인 경험이 있는 것이 좋다. 지식으로 하는 강의가 아닌 살아 있는 다양한 예화를 제공해줄 수 있기 때문이다. 주제에 대한 경험 없이 기회가 있다고 강의를 하면 실패할 확률이 높다. 지금은 유명 강사가 된 사람들도 강사 초기 시절 거절해야 하는 강의 주제로 강의했다가 후회한 일화를 많이 얘기하곤 한다. 살아 있는 내용이 아니라 남의 얘기를 빌려서 강의했기 때문이다.

직장생활을 해본 적이 없는 20대 강사가 40대의 관리직 직장인에게 효과적인 직장생활 노하우를 전수하는 것은 무리다. 30대 미혼의 강사가 학부모를 대상으로 '사춘기 자녀와 소통하기'라는 주제를 강의하는 것은 어울리지 않는다. 자신이 강의하고 싶은 주제가 있는데 경험이 부족하다면 경험을 먼저 쌓기를 권한다. 경험이 쌓이면 그 경험의 사례를 활용하여 청중에게 도

35

움이 되는 강의를 제공할 수 있다.

나의 지인인 송 선생님은 교육적으로 존경할 만한 분이다. 송 선생님은 좋은 엄마가 되는 것이 목표였기 때문에 직업을 갖지 않았다. 두 딸이 어릴 때 여기저기 놀러 다니면서 지적인 자극을 주었다. 아이들이 초등학교 때에도 놀이처럼 공부에 접근했다. 공부할 수 있는 환경만 만들어주고, 아이들에게 공부하란 소리를 한 번도 한 적이 없었다. 예를 들면, 영어 노래를 틀어놓고 영어 노래를 함께 부르는 것으로 시작한다. 영어책 같은 것을 아이들이 노는 주변에 던져두고 아이가 호기심을 보일 때까지 강제적으로 공부를 시키지 않았다.

아이들이 자라면서 영어에 흥미를 보이는 시기가 오면 그때부터 도움이 되는 자료를 찾아 제공해주었다. 자연스럽게 환경적 자극을 먼저 제공하고 각각의 아이의 특성에 맞게 아이들이 원하는 방식으로 학습하도록 유도했다. 영어를 좋아하는 첫째 아이는 초등 저학년 때에 영어 학습을 시작했고, 영어에 흥미를 보이지 않던 둘째 아이는 중학교 때까지 기다려주었다.

다른 과목도 마찬가지 방법으로 접근했다. 아이들은 학원에 다녀본 적이 없었다. 억지로 시켜서 하는 공부는 아예 배제한 것이다. 공부는 스스로 터득하면서 즐겁게 배우는 자기 주도 학습 과정이라는 원칙을 철저히 지킨 것이다. 그 결과, 고등학생이 된 두 아이는 학교에서 최상위권의 성적을 유지한다고 한다.

아이들의 성취 결과를 보고 주변에서 송 선생님의 교육 비결을 문의하는 사람들이 많아졌다. 질문에 답하기 위해 그녀는 자신의 실천 방법을 일목요연하게 콘텐츠로 만들었다. 그러다 그녀는 우연한 기회에 아이들이 이용하는 인터넷 교육회사의 연락을 받았다. 아이들의 성적이 좋으니 그 비결을 칼럼으로 기고해달라는 내용이었다. 그 이후 송 선생님은 자신만의 노하우와 경험을 정리하여 강사로 활동하고 있다.

마지막으로 강사가 강의 주제를 진심으로 좋아해야 한다. 자신이 강의하는 주제를 좋아하지 않는다면 그 주제로 강의하지 말 것을 권한다. 강의하는 것이 즐겁고 행복한 일이어야 한다. 그렇다면 주제도 내가 열정을 쏟아 강의할 수 있는 내용이어야 한다. 그래야 좋은 에너지로 강의할 수 있다.

강의하는 것을 좋아한다면 자신만의 주제와 콘텐츠를 만드는 것이 좋다. 연구하고 경험을 쌓아 내가 좋아하는 주제로 강의하라. 시장에서 원하는 주제를 따라가지 말고 내가 행복하게 강의할 수 있는 주제와 내용을 찾아라. 강제적으로 제공된 주제와 내용으로 강의하지 말고, 나만의 콘텐츠로 청중과 소통할 수 있는 강의를 창조하라.

지인 중에 여행 작가로 활동하는 박 선생님이 있다. 그녀는 동유럽 여행 전문가이다. 우연한 기회에 유럽 여행을 가게 되었고, 그중 특히 동유럽에 매료되어 동유럽 전문가가 되기로 마음먹었다. 특히 세 번째 동유럽을 방문하면서는 자신만의 경험을 녹여 책을 쓰고 싶어졌다고 한다. 이를 위해 박 선생님은 작가로서 구체적인 정보를 수집하기 시작했다. 네 번째 동유럽 방문을 마치며 그녀는 독특한 자신만의 시각으로 여행 경험을 재구성해 동유럽에 대한 여행 에세이를 출간했다.

현재는 자신만의 콘텐츠를 개발하여 지방자치 단체 교육기관에서 여행작가를 양성하는 프로그램을 운영한다. 강좌는 여행 관련 책을 쓰기 위한 전반적인 과정을 안내한다. 실제 자료 조사하는 절차부터 여행 현장을 기록하는 방법은 물론이거니와 책에 담기 위한 인상적인 순간에 대한 표현까지 다양한 노하우를 전수한다. 여행책에는 사진이 매우 중요하기 때문에 사진 촬영에 대한 중요한 팁도 알려준다. 자신만의 주제와 내용으로 자신의 이름을 걸고 하는 강의는 당당하다.

04

강의 기획을 잘하면
실수하지 않는다

기획의 과정을 거쳐 강의 결과물을 만들어내는 일은 중요하다. 왜냐하면, 강의는 소비자를 위해 출시하는 하나의 제품이나 서비스 같은 결과물이기 때문이다. 제품을 만드는 사람이 '나는 이 제품이 필요해. 그러니까 다른 사람도 같은 생각을 하겠지.'라는 생각으로 제품을 만들면 실패할 수도 있다. 고객이 누구인지 모른 채 나를 위한 제품을 만들었기 때문이다. 강의 대상인 청중에 대한 요구 분석 없이 강의 결과물을 만들어낸다면 어떨까? 청중은 그 강의를 원하지 않을 수도 있다.

내가 제품 개발을 위해 필요한 기술을 가지고 있고, 이 기술이 너무 뛰어

39

나기 때문에 제품을 만든다면 마찬가지로 실패할 수도 있다. 고객은 기술이 아니라 사용 가치가 뛰어난 제품을 선택하기 때문이다. 강사인 나는 어떤 영역의 전문가이고, 내가 알고 있는 지식이나 기술이 너무 중요해서 내가 원하는 콘텐츠를 중심으로 강의 내용을 선정한다. 강사인 나의 전문성은 잘 어필했을지 몰라도 청중은 그 강의에서 얻은 것이 하나도 없을지도 모른다.

사업을 시작하기 전에 사업계획서를 작성하지 않고 사업을 시작한다면 어떻게 될까? 전문가들은 과정에서 다양한 변수가 도출하기 때문에 여러 번의 과정을 거쳐 수정하고 보완해나가면서 사업계획서를 작성할 필요가 있다고 강조한다. 마찬가지로 강사가 강의계획안 준비 없이 강의 연습에 많은 시간을 들였다고 하자. 실제 강의를 하다 보면 자신이 미처 생각하지 못했던 부분 때문에 강의의 완성도가 떨어지는 것을 경험할 수도 있다. 청중의 반응이 생각과는 달라 크게 당황하는 일이 생기기도 한다.

이러한 문제점을 개선하는 방법은 강사가 강의에 대한 기획 마인드를 갖는 것이다. 우선 기획 마인드는 시스템적 시각을 갖는 것이다. 강의를 하나의 시스템으로 보는 것이다. 시스템이란 '특정 목적을 달성하기 위하여 상호 관련적으로 작용하는 요소들의 집합체'이다. '공동의 목적하에 함께 노력하는 방식을 통하여 유기적으로 기능하는 각 부분의 질서정연한 집합체'라고 말할 수 있다.

우리의 몸을 하나의 시스템이라고 가정해보자. 생명 유지라는 공동의 목적을 위해 우리 몸의 각 기관은 고유한 자신만의 역할을 감당하면서 상호 협력적으로 서로 다른 기관의 기능을 도와주고 있다. 자신의 역할이 더 중요하다고 나서지 않는다. 몸을 이루고 있는 구성 요소로 질서를 지키면서 생명과 건강을 위해 유기적인 방식으로 일한다. 서로 원활하게 상호작용을 하면서 각자의 기능을 존중한다. 각 기관의 역할은 다르지만, 공동의 목적인 건강과 생명 유지를 위해 협력한다.

마찬가지로 강의라는 결과물을 만들어내기 위해 강의와 관련된 전반적인 요소를 파악하고, 요소들의 관계를 총체적으로 고려할 필요가 있다. 양질의 강의를 위해 강의를 구성하는 요소의 고유한 기능을 살리고, 각 기능이 상호 보완적 관계에 놓이도록 하여 강의 전반의 효과성을 극대화하는 것이다. 이것을 체제적 접근이라고 부른다.

강의의 구성 요소에는 강의 목적, 청중의 특성, 주제에 맞는 내용, 강의가 진행되는 환경, 학습 목표, 강의 절차, 강의 기법 및 매체 등이 포함된다. 강의를 구성하고 있는 다양한 요소들의 역할뿐만 아니라 각 요소가 다른 요소에 미치는 영향을 함께 고려할 필요가 있다. 따라서 기획 마인드는 양질의 강의를 개발하기 위해 모든 요소를 시스템적 관점으로 바라보는 것이다.

기획 마인드는 과학적인 절차를 따라 강의 프로그램을 만드는 것이다. 교수 설계자들이 교육 프로그램을 개발할 때 활용하는 전통적인 ADDIE 모형이 있다. 분석, 설계, 개발, 실행, 평가의 일련의 과정을 절차로 만든 것이다.

여기에선 강의 기획과 강의 자료 개발에 해당하는 분석과 설계, 그리고 개발 단계만 소개한다.

ADDIE 모형에서 강의 기획에 해당하는 과정은 분석과 설계이다. 이러한 단계를 거쳐서 강의를 개발하는 것은 매우 중요하다. 왜냐하면, 주먹구구식으로 강사의 생각대로 하는 것이 아니라 보다 과학적인 방법으로 강의를 개발하는 것이기 때문이다. 각 단계를 따라갈 뿐만 아니라 각 단계의 세부 활동을 수행하려고 노력할 필요가 있다.

ADDIE 모형 중 분석, 설계, 개발 단계

분석(Analysis)	설계(Design)	개발(Development)
• 요구 분석 • 청중 분석 • 내용 분석 • 환경 분석	• 목표 진술 • 평가도구 설계 • 내용 구조화 • 교수 전략 선정 • 매체 선정	• 강의 자료 개발 • 형성평가 • 수정 및 보완

내가 TV에서 방영되는 작품 중에 제일 좋아하는 장르는 다큐멘터리이다. 시청 후 힘들이지 않고 지식이나 정보를 얻을 수 있기 때문이다. 드라마와 같은 재미 요소는 많지 않지만 50분 동안 쉽게 빠져들어 볼 수 있는 이유는 기획된 프로그램이기 때문이다. 프로그램의 제작 목표에 도달하기 위해, 필요한 지식과 정보를 다양한 그래픽 요소를 가미하여 목적에 맞게 제작한다. 관련 인물을 재조명하거나 전문가 인터뷰를 통해 신뢰성을 높이기도 한다.

이렇게 다양한 구성 요소들을 총체적으로 고려한 프로그램은 청중이 이해하기에 매우 효과적이다.

강의 기획은 하나의 문제 해결 과정이라고 보아야 한다. 우리는 인생을 살아가면서 다양한 문제 상황을 통해 자연스럽게 문제 해결력을 키우게 된다. 그러나 문제 해결을 효과적으로 할 수 있는 과학적인 절차를 익힌다면 보다 최적의 해결안을 찾는 데 효과적일 것이다. 마찬가지로 효과적인 강의 기획을 위해 분석과 설계의 과정을 절차적으로 실행할 것을 추천한다. 모형을 따라 훈련하다 보면 강의 기획의 결과물이 노력한 만큼 높은 수준으로 올라가는 것을 경험할 수 있다.

강의 주제가 결정되면, 강의의 필요성과 청중의 특성 및 내용에 대하여 분석한다. 다음으로 핵심적인 강의 목표와 강의 내용을 설계한다. 이 과정을 통해 청중이 도달해야 할 구체적인 목표가 설정되며, 목표에 도달하도록 안내하는 핵심 내용이 선정된다. 마지막으로 강의를 세련되게 만드는 구체적인 요소들을 정교화한다. 이 과정을 통해 주요 내용을 풍부하게 만드는 전략과 매체 등이 기획된다.

강의 기획은 한 번의 과정으로 완성되는 것이 아니라 순환적인 방식으로 이루어진다. 분석과 설계의 단계를 따라 강의 결과물을 도출했더라도 필요한 단계로 돌아가 비순차적이고 상호작용적인 피드백을 통해 결과물을 목적에 맞게 수정하고 보완한다. 기획은 과정을 달리하면 결과도 달라진다.

강의에 대한 기획 마인드는 모든 관점을 바꾼다. 기획 마인드는 청중을 주인공으로 만든다. 청중이 중심이 되면서 청중이 도달해야 할 목표를 설정한다. 청중이 목표에 맞는 과정을 거치도록 적합한 내용을 선정한다. 청중이 내용을 잘 이해할 수 있도록 다양한 절차와 기법을 모색한다. 결과적으로 청중에게 유익한 강의가 제공되도록 필요한 모든 요소를 고려하게 만든다.

강의 기획을 하면 청중의 요구를 충족하는 맞춤형 강의를 진행할 수 있다. 청중이 원하는 결과와 목표를 미리 도출해놓고, 이를 위해 강의 내용이 배치되도록 설계했기 때문에 청중이 자신을 위한 강의라고 생각할 수 있다. 게다가 청중의 특성을 미리 파악하여 청중에게 도움이 되는 참여 활동을 제공하여 직접 체험할 수 있도록 유도하면 청중은 직접적인 체험을 통해 자신이 강의의 한 구성원이 되는 경험을 할 수 있다.

05

강의 콘텐츠를
완전히 내 것으로 만들어라

    나만의 강의 콘텐츠로 강의해야 행복한 강사가 될 수 있다. 나만의 콘텐츠를 개발하기 위해 가장 기본적인 것은 강의 주제에 대한 전문적인 지식을 갖추는 것이다. 물론 다양한 학교나 기관에서 강의하는 사람은 그 분야의 학위를 가지고 있는 경우가 보편적이다. 그러나 여기서 전문적인 지식은 연구나 탐구를 통해 다양한 방식으로 강의 주제에 대한 지식을 자기 것으로 습득하여 소화한 것을 의미한다. 이를 위해 강사는 강의 주제에 대한 정확하면서도 포괄적인 지식을 탐구해야 한다.

    고등학교 시절 윤리 선생님이 기억이 난다. 고등학교 3학년 윤리 교과목에는 주요한 종교의 유형과 특성을 다루는 주제가 있었다. 그런데 불교 신자였던 선생님은 각 종교에 대해 어떻게 생각하시는지 긴 시간을 할애하여 자신의 의견을 피력하셨다. 객관적인 종교의 특성보다 선생님의 특정 시각으로 구성된 내용이었다. 강의를 들으면서 기독교인이었던 나는 매우 거북함을 느꼈다. 그 당시 선생님의 수업 내용이 뭔가 이상하다고 생각했던 것 같다.

대학 강단에 서서 예비 교사를 가르치면서 윤리 선생님의 실수가 종종 떠올랐다. 나는 내 강의를 듣는 학생들에게 나중에 교사가 되었을 때 반드시 주의해야 할 사항을 설명하는 것을 잊지 않는다. 강사의 개인적인 철학이나 의견을 강의 내용으로 선정하지 않을 것을 당부한다. 강의 내용은 오랜 기간 검증되어 지식으로 명시된 사실적인 것이어야 한다. 개인의 견해가 아닌 오류가 없는 정확하고 객관적인 지식을 활용하여 강의 내용을 구성할 필요가 있다.

강의 내용을 자료로 개발할 때 자신만의 논리와 시각으로 가공할 수 있어야 한다. 같은 주제의 내용이라도 강사의 논리적 사고 구조에 따라 다양한 강의 내용이 구성될 수 있다. 같은 주제와 내용을 다룬다고 하더라도 강사 특유의 논리성과 시각을 반영하여 자신만의 색깔이 묻어나는 강의를 개발할 필요가 있다. 이것이 강사에게 필요한 매우 핵심적인 기본 역량이다.

'교육 방법 교육공학'이란 교과목에서 학생들에게 수업 자료를 개발하는 프로젝트 과제를 제공한다. 학생들의 개발 과정을 컨설팅하다 보면 학생들이 내용을 가공하는 것을 매우 어려워하는 것을 관찰하게 된다. 학생들이 선택할 수 있는 가장 쉬운 방법이 교과서의 내용을 그대로 따라 하는 것이다. 그런데 교과서의 내용을 똑같이 반복하여 가르치는 것은 게으른 방식이 될 수 있다. 강사는 주제 영역에 대한 이해를 바탕으로 자신만의 논리적인 방식으로 강의 내용을 선별할 수 있어야 한다.

강사는 청중이 더 잘 이해할 수 있도록 내용을 풍부하게 하거나 핵심 내용을 단순화해서 쉽게 전달할 필요가 있다. 더 잘 가르치는 것에 초점을 맞추는 것이 아니라 청중이 더 잘 이해할 수 있는 것에 목적을 두고 내용을 쪼개고 분류할 필요가 있다. 필요한 경우에는 내용과 내용을 연결하고 종합하면서 다양한 사고 과정을 반영할 수 있어야 한다.

중학교 2학년 때 사회 선생님이 떠오른다. 수업시간에 들어오셔서 사회 교과서를 그대로 읽으셨다. 우리는 교과서를 읽는 선생님의 목소리를 들으면서 40분을 버텨야 했다. 우리 학생들은 선생님의 전공이 세계사가 아닐지도 모른다고 의심했다. 그 당시에도 교과서를 통째로 읽는 방식은 학생들에게도 이상한 수업으로 느껴졌다. 우리에게 중학교 2학년 사회는 세계사로 입문하는 기회를 제공하는 과목이었다. 학생들의 이해를 도모하는 방식으로 가공된 세계사 수업을 들었다면 얼마나 인상에 남았을지 지금도 아쉬움으로 남는다.

그런데 나는 최근에도 이러한 방식으로 강의하는 강사가 있다는 사실을 알고 깜짝 놀랐다. 대학원에서 강의하는 후배가 자신의 강의 방식을 소개했다. 학생들과 교재의 내용을 함께 읽으며 강의를 진행한다는 것이다. 앞의 사회 선생님과 다른 것은, 중요한 부분은 줄을 치라고 알려주면서 설명한다는 것이다.

어떻게 강의 내용을 효과적으로 구성해야 하는지를 모르는 것에서 나오는 문제인 것 같다. 강의 내용을 구성하는 것은 디자인하는 과정과 비슷하다. 다양한 요소들을 검토하고 분석하면서 여러 번의 수정을 거쳐 가장 좋은 강의 내용을 구성할 필요가 있다. 강사의 다양하고 복합적인 사고 과정과 주제 영역에 대한 이해가 매우 필요한 것이다.

강사는 강의 주제에 대한 실제적인 경험이 있는 것이 바람직하다. 실제적이고 구체적인 경험을 바탕으로 강의 내용을 다루면서 다양한 사례를 제공할 수 있어야 한다. 그래야 강의를 통해 청중에게 실질적인 도움을 줄 수 있다. 그 분야나 주제에 대한 경험을 쌓으면서 다양한 종류의 고민과 문제를 해결하기 위한 노력이 축적되어 있다는 것이 중요하다. 이러한 경험적 지식은 강의를 듣는 사람들에게 유익한 노하우로 전수될 수 있다.

교육학 박사인 강사가 교수들을 대상으로 하는 교수법에 특강을 맡았다고 가정해보자. 그런데 정작 강사 자신은 다양한 교수법을 시도해본 적이 없다면, 강사는 청중이 이해하지 못할 교육 용어와 이론으로 가득 찬 강의 내용을 전개할 확률이 높다. 교수법 경험이 없어 구체적인 예를 제공하기 어렵기 때문이다. 강의 주제에 대해 전문지식을 가지고 있다고 다 좋은 강사가 될 수 없는 이유이기도 하다.

특정 분야에 관심이 있고, 평생 강의하고 싶은 주제가 있다면 강의 주제와 관련된 경험을 먼저 쌓으라고 추천하고 싶다. 그렇게 쌓은 경험과 노하우는 청중에게 매력 있는 강의를 제공할 수 있는 기본 자산이 된다. 반대로, 특정 분야에서 오랫동안 일한 경험을 통해 자신만의 경험적 노하우를 가지고 있다면 강사 되기에 도전할 것을 권한다. 분명히 실제적이고 경험적인 콘텐츠를 원하는 청중이 있을 것이다.

나는 교육공학이 전공이라 교수법과 교육 프로그램 개발에 대한 지식을 가지고 있다. 그런데 더 중요한 것은 내가 대학이라는 무대에서 몇 가지 주제로 15년 이상 강의를 해온 경험이 있다는 점이다. 예비 교사를 대상으로 체계적인 방식으로 수업 자료를 설계하고 개발하는 방법을 가르쳤다. 또, 교수들을 대상으로 다양한 교수법 특강이나 세미나를 진행하기도 했다. 이러한 경험을 바탕으로 강의하는 사람들이 갖추어야 할 핵심 역량에 대해 컨설팅할 수 있다.

나는 다양한 학생을 대상으로 '팀워크', '목표 설정과 시간 관리', '문제 해결 능력' 등의 주제로 특강을 진행해왔다. 또한, '학습 전략'이나 '소프트스킬'과 같은 역량 배양 중심 교과목의 콘텐츠를 개발해 직접 강의도 했다. 이러한 경험을 통해 특정 능력을 요구하는 학습자 중심의 교육 콘텐츠 개발에 대한 지식과 경험적 과정을 전수할 수 있다.

검증된 지식을 탐구하고, 주제를 보는 자신만의 시각을 활용하여 강의 내용을 가공하고, 다양한 경험적 사례로 내용을 풍부히 만들어 강의 콘텐츠를 개발하는 과정을 거쳐야 한다. 이런 과정을 통해 나만의 강의를 만들 수 있다. 그다음 중요한 것은 실전을 위한 철저한 연습이다. 그러나 연습 전에 강의 자료 개발을 통해 70%는 강의 준비가 되었다고 생각해도 좋다. 나만의 강의 콘텐츠를 위해 노력하는 과정에서 이미 많은 것들이 내 것이 되었기 때문이다.

한 페이지로 구성된 '강의 내용 구조도' 같은 것을 만들 수 있다면 더 효과적인 강의를 진행할 수 있다. 일반적으로 기획하는 과정에서 강의 설계도가 도출되기는 한다. 강의 콘텐츠를 개발하는 과정에서 수정하고 보완하는 것은 자연스러운 일이다. 완성된 '강의 내용 구조도'를 도출하여 그것을 기반으로 매끄럽게 강의할 수 있어야 한다. 이렇게 할 수 있다면 나만의 콘텐츠로 강의할 준비가 된 것이다.

06

일방적으로 강의하지 마라

강의는 커뮤니케이션 과정이자 결과이다. 강사가 전하는 내용을 청중이 알아들어야 하고, 청중의 반응이 강사에게 피드백되는 과정을 포함하고 있어야 한다. 강사와 청중 사이에 쌍방향 소통이 존재해야 한다. 이러한 소통은 청중이 강의 내용을 효과적으로 이해하도록 돕는다. 또한 강사가 전달하는 메시지를 청중이 공유하도록 유도한다. 이러한 의미로 강의에서 커뮤니케이션 과정은 어떤 종류의 소통 방식이든 상관없이 필수적인 요소가 된다.

그럼에도 많은 강의에서 커뮤니케이션 과정은 중요한 요소로 취급되지 않을 수 있다. 강사가 커뮤니케이션의 중요성을 인식하지 못할 수 있기 때문이다. 보통 많은 경우에 강사는 자신을 강의 주제를 강의할 수 있는 내용 전문가로 설정한다. 강사가 내용 전문가로 자신을 인식하게 되면 자신이 가지고 있는 전문지식을 가장 중요한 것으로 생각할 수 있다. 이러한 관점은 강사가 자신을 지식 권위자로 믿게 만든다.

지식 권위자의 관점은 강사가 청중을 배려하는 마음을 갖지 못하도록 만들 수 있다. 강의에서 청중이 매우 중요한 요소라는 것을 잊게 만드는 것이다. 이러한 이유로 청중의 요구가 무엇인지 파악할 필요를 느끼지 못할 수도 있다. 결국, 청중의 특성이 어떠한지 고려하지 못한 강의를 하게 될 수 있다. 청중의 반응이 좋으면 자신의 전문성 덕분이라고 생각한다. 반대로 청중의 반응이 좋지 않으면 청중의 태도나 동기의 문제점으로 돌리기도 한다.

나는 심지어 학생들이 자신의 수업을 수강할 실력이 되지 않는다고 비난하는 강사를 본 적이 있다. 강사는 인문학 관련 연구 프로젝트를 하면서 만나게 된 서양철학을 전공한 분이었다. 고등학교를 졸업하고 갓 대학생이 된 학생들이 철학적 사유를 능숙하게 실천하기는 어렵다. 입시의 관문을 통과하기 위해 달려온 학생들인 만큼 철학적 지식이 풍부하지 않을 수도 있다. 강사는 학생들을 비난하기 전에 어떻게 하면 학생들이 관련 지식을 습득하고 철학적 사유를 하도록 이끌어줄 것인가를 고려해야 한다.

그러므로 강사는 전문가가 아닌 인간 이해자가 되는 것이 더 바람직하다. 한 학생이 푼 과학 답안지를 보고 '이건 틀렸어. 정답이 아니야.'라고 평가한다면 전문가 입장에서 학생을 평가한 것이다. '네가 모르는 것이 이거구나.

그럼 어떻게 이해할 수 있도록 도와줄까?'라는 생각이 먼저 든다면 그것은 인간 이해자의 입장이다. 모든 강사에게 필요한 것이 바로 이러한 태도다. 청중을 중심에 두고, 그들의 긍정적인 변화를 돕고 지지하는 것에 최우선 가치를 두는 것이다.

강의에서 어떻게 커뮤니케이션 과정을 끌어내는지 이해할 필요가 있다. 청중과 소통하는 강의를 진행하려면 무엇보다 강의 자료를 상호작용으로 만들어야 한다. 이를 위해 기획 단계에서 커뮤니케이션을 위한 과정이 계획되어야 한다. 커뮤니케이션은 송신과 수신 과정의 순환으로 진행된다. 송신은 부호화를 거쳐 내용을 전달하며 다시 확인하는 과정을 통해 되돌아온다.

3가지 요소 중 가장 중요한 것은 부호화하는 과정이다. 강의 내용을 청중이 이해할 수 있는 내용과 구조로 전환할 필요가 있다. 컴퓨터가 이해할 수 있도록 프로그래밍 언어를 사용하듯이 청중이 의미 있게 내용을 수용할 수 있도록 도와주는 방식이어야 한다. 부호화의 과정을 효과적으로 수행하려면 강사의 창의성과 설계 능력이 필요하다. 교수 설계 분야에서 '강의 내용을 설계한다'는 표현을 사용하는 이유이다.

전달 과정은 청중에게 가장 공감되는 전달 방법이나 매체를 선택하는 것이다. 핵심 단어 3가지를 제시하고 설명할 수도 있다. 거창한 내용 설명을 한 페이지의 다이어그램으로 그릴 수 있다. 짧은 설명과 함께 이해도를 높이는

53

그래프를 보여줄 수 있다. 동영상을 보여주고 내용을 요약할 수 있다. 어쨌든 다양한 방법을 동원하여 청중이 특정 강의 내용을 잘 이해할 수 있도록 도와줄 수 있어야 한다. 전달 방법의 선정은 즉각적으로 이루어질 수 없다. 강의 자료를 제작하는 과정에서 미리 결정될 필요가 있다.

재확인하는 과정은 수시로 일어날 수 있다. 전체적인 분위기를 파악할 수도 있다. 청중 개개인의 반응을 확인할 수도 있다. 눈빛을 명확히 하며 청중 한 명씩 돌아가면서 눈을 마주치는 것이 좋다. 강의장 전체를 오른쪽에서 왼쪽으로 또는 그 반대로 둘러보며 말할 수 있어야 한다. 특정한 부분을 빼지 않고 골고루 청중과 눈빛 교환을 해야 한다. 그래야 청중이 자신에게 말하는 것처럼 느낄 수 있다. 이는 청중의 반응을 파악하는 데 매우 중요한 기술이다.

수신의 대표적인 과정은 청중의 피드백을 끌어내는 것이다. 청중의 피드백을 확인하기 위하여 피드백을 요구하는 기법을 강의 자료에 포함할 수 있다. 질문은 가장 쉬우면서 간단한 방법이다. 강의 자료 제작할 때 청중의 이해도를 확인하는 질문을 만들어 제공할 수 있다. 이렇게 하는 것이 즉각적인 질문을 청중에게 하는 것보다 더 효과가 좋다. 강사가 청중의 이해를 돕기 위해 미리 계획하고 준비했다는 느낌을 줄 수 있기 때문이다. 중요한 것은 이런 일련의 커뮤니케이션을 촉진하는 요소들이 강의 자료에 녹아들어 있어야 한다는 것이다.

청중에게 받은 피드백은 강의 개선을 위한 매우 주요한 자료로 활용되어야 한다. 강사의 눈을 마주 본다거나, 고개를 끄덕인다거나, 질문에 적극적으로 대답하는 것은 긍정적인 피드백이다. 이러한 청중의 피드백만 있었다면 강의는 성공적이었다고 말할 수 있다. 그러나 강의에 방해되는 행동을 하거나 아예 관심 없다는 듯 옆 사람과 얘기하는 청중이 있을 수 있다. 그런 청중이 있다는 것은 강의에 개선할 부분이 있다는 증거가 될 수 있다.

좋은 강사가 되고 싶다면 강의 시간 내내 적극적으로 데이터를 확보하라. 청중의 표정과 반응을 객관적으로 모니터링할 것을 권한다. 반응이 좋지 않은 부분은 다시 연구하여 개선해야 할 부분으로 인식하는 것이 좋다. 청중에게 받은 피드백이 가장 좋은 선생님 역할을 할 수 있다. 이러한 과정을 담담하게 실천하다 보면 어느새 긍정적인 피드백만 받는 명강사가 되어 있을 것이다.

강사가 커뮤니케이션 과정에 대한 인식 없이 일방적으로 강의했을 경우 청중이 경험하는 2가지 특징이 있다. 하나는 청중이 주체자가 되지 않았기 때문에 강의의 핵심 내용 또는 주요 메시지가 기억에 남지 않는다. 다른 하나는 청중이 새로운 배움에 대한 즐거움을 느끼지 못한다. 청중이 강의에 참여하지 않았기 때문이다.

강의는 청중의 참여 활동으로 마무리하는 것이 좋다. 청중이 직접 참여해 보는 활동을 제공함으로써 자신이 강의의 수동적 수요자가 아닌 주체적 참여자로 인식하게 하는 것이다. 이 부분을 간과하면 강사의 독무대로 강의를 끝낼 수 있다. 그런 강의는 강사 자신을 위한 강의가 될 수 있다. 반드시 청중과 소통하는 강의를 진행하라. 더 나아가 청중에게 주인의식을 주는 강의라면 청중에게 더 만족감을 선사할 수 있다.

나는 지금까지 좋은 강의 평가를 받아온 편이다. 강의를 처음 시작했던 때를 제외하면 긍정적인 피드백을 많이 받아왔다. 내가 가르치는 과목이 학생들에게 인기 강좌가 되는 경험도 여러 번 했다. 내가 말을 잘하는 것도 아니고, 학생들이 좋아할 유머가 많은 강의를 한 것도 아니었다. 내 강의가 긍정적인 피드백을 받았던 이유는 이번 장에서 밝힌 커뮤니케이션 원칙을 꾸준히 실천해왔기 때문이다.

나는 전문지식에 대한 권위자의 위치를 의도적으로 갖지 않았다. 나는 언제나 학습 촉진자로 나를 정의했다. 나는 인간 이해자의 철학으로 개개인의 학생들을 바라보았다. 어떻게 하면 학생들이 내 강의를 통해 하나라도 더 배우게 도와줄까를 생각했다. 배우는 데서 그치지 않고 더 높은 사고 과정을 실천하고, 효과적으로 문제를 해결하는 인재가 되도록 유도할 수 있을까를 고민했다. 강의할 때 나의 최우선 가치는 언제나 학생들의 성장과 발전이었다.

나는 수강생들의 의견을 얻기 위해 공식적인 강의 평가가 아닌 내가 직접 작성한 설문 도구로 내 강의를 평가하는 시도도 했다. 이러한 평가를 통해 강의의 질을 높일 수 있는 유익한 정보를 얻을 수 있었다. 학생들에게 더 효

자신만만 기적의 강의 비법

과적인 강의를 하기 위해 내가 할 수 있는 한 성실하게 노력해왔다. 좋은 강사가 되는 비결은 바로 이러한 일련의 과정들을 실천하는 것이라고 말하고 싶다.

07

공포증 극복은 완벽한 준비에서 나온다

일반적으로 많은 사람 앞에서 강의하거나 공연하는 일은 긴장되는 일이다. 누구나 잘하고 싶은 욕심이 있기 때문이다. 그러나 분명한 것은 이러한 불안이나 공포증은 초보 강사들만 경험하는 것이 아니라는 것이다. 긴장의 정도야 다르겠지만 어느 정도 경력 있는 강사도 새로운 청중과 만나 강의를 하게 되면 매우 떨린다. 그러니까 모든 사람이 무대에 서면 긴장한다는 사실을 인지할 필요가 있다. 강의 공포증이나 발표 불안은 모든 사람이 경험하는 자연스러운 반응이라고 할 수 있다.

이러한 사실을 알고 있어도 우리는 강의라는 무대에 설 때 쉽게 긴장하거나 심지어 두려움을 느끼기도 한다. 이유는 우리가 부정적인 생각에 초점을 맞추고 있기 때문인지도 모른다. '내가 실수하면 어떡하지? 청중이 나를 이상하게 본다면? 내가 떨고 있는 걸 눈치채고 비웃으면?'과 같은 생각으로 미리 실패를 예고하는 생각에 사로잡히는 것이다. 부정적인 생각은 이상하게도 부정적인 결과를 가져온다.

부정적인 생각의 이면에는 다른 것이 숨어 있는 경우가 종종 있다는 것을 우리는 체험으로 알고 있다. 많은 경우에 내가 의도한 목적에 충실하지 못하게 하는 숨은 목표와 같은 것이 있다. 나의 능력을 드러내 보이고 싶어 하는 욕심과 같은 것이다. 그래서 강의를 잘해야 한다는 강박관념이 실패할지도 모른다는 두려움으로 표출되는 것이다. 이런 관점을 차단하지 못하면 강의는 실패 상황으로 끝날 수도 있다.

전공이 교육공학이다 보니 대학교 교수를 대상으로 교수법 세미나를 하는 일이 종종 있었다. 처음으로 교수법 세미나를 하던 날 나는 공포증에 가까운 경험을 했다. 가슴이 콩닥거리며 두통까지 왔다. 학생들을 대상으로 강의를 한 경험이 이미 꽤 있는데도 유난히 떨리는 것이었다. 아니나 다를까, 나는 그날 말을 더듬거리며 내 생애 최악의 강의를 했다.

내가 왜 그렇게 긴장했는지 알고 싶어 원인 분석을 시도했다. 노트를 펼쳐 놓고 내가 가진 심리적 상태를 열거하기 시작했다. '교수들은 남의 강의 듣기 싫어하기 때문에 분위기가 호의적이지 않을 거야. 센 어조로 말할까?', '교수법이 도대체 뭐야 하며 뚱한 얼굴로 앉아 있겠지? 교수법이 얼마나 중요한 데?', '내 강의를 평가하겠지? 실수하지 말자, 절대.' 이렇게 부정적인 방식으로 심리적 방어전을 펼치고 있었던 것이다.

공포증을 효과적으로 조절하기 위해서 마인드 컨트롤을 통해 긍정적인 관점으로 전환해야 한다. '나는 청중을 도우러 온 사람이야. 내가 좋은 마음으로 강의하면 청중도 내 강의를 잘 들어주겠지. 최선을 다해서 준비한 내용을 담담히 전달하자.'와 같은 생각으로 머리를 채워야 한다. 자신의 욕심을 덜어내고 청중을 위한 도움 제공자로 자신의 선한 역할을 정립해야 한다. 실제로 나는 이런 관점으로 전환한 이후 교수 대상 세미나에서 떨지 않고 강의할 수 있었다.

강사라면 명상과 같은 것을 활용하여 긍정적인 마인드를 갖도록 노력할 것을 추천한다. 이러한 실천을 통해 좋은 에너지를 가질 수 있다. 평상시에 다른 사람을 배려하는 넉넉한 마음이나 다른 사람들이 잘되기를 바라는 착한 마음을 수양하는 것이 좋다. 내가 만나는 모든 사람에게 좋은 영향을 주고 싶다는 소망을 갖는 것도 괜찮다. 구체적으로 강의를 통해 청중에게 기꺼이 도움을 주겠다는 의지도 필요하다. 오랜 강의 경험으로 나는 강의를 통해 에너지가 전달된다는 사실을 깨달았다.

강의하는 일에 자신감이 부족하면 공포증을 조절하기 어렵다. 일반적으로 강의 경험은 자신감과 연결되어 있다. 강의 경험이 많을수록, 그리고 강의해온 기간이 오래될수록 강의에 대한 자신감이 높아진다. 당연한 결과다. 초보 강사는 강의 경험을 꾸준히 늘려 가면 자연스럽게 강의에 자신감이 붙을 것이다. 단, 어떠한 강의라도 소중한 기회라고 생각하고 최선을 다해 강의해야 한다는 것을 명심해야 할 필요가 있다.

나도 처음으로 대학 강단에 서 강의를 시작했던 초보 강사 시절이 있었다. 첫 학기는 모든 것이 미숙했다. 사범대학 학생들을 대상으로 '교육 방법 및 교육공학'이라는 과목을 가르쳤다. 미국에서 귀국하자마자 맡은 강의라 강의를 준비하는 시간도 충분하지 않았다. 학생을 고려하지 못한 채 내 생각대로 가르쳤던 것 같다. 학생들이 교과목 내용을 정말 어려워했던 기억이 난다.

그러나 내가 잘한 것은 매 학기 강의 자료를 성실히 업데이트했다는 것이다. 어떻게 하면 학생들에게 쉽고 재미있는 강의를 제공할 수 있을지 고민했다. 성실하게 이러한 노력을 하다 보니 오랜 시간이 지나지 않아 강의하는 일에 자신감이 붙었다. 강의에 대한 학생들의 반응이 점차 좋아지기 시작했다. 강의에 대한 청중의 긍정적인 반응은 강사가 자신감을 갖는 데 충분히 도움이 된다.

강의 준비에 대한 노력의 정도는 강의 자신감에 직접적인 영향을 준다. 강의 준비를 소홀히 하고 강의를 잘했다고 만족하는 사람은 드물다. 강의는 즉각적인 요청으로 즉석에서 할 수도 있는 축하사와 같은 스피치가 아니다. 강의는 다양한 과정을 거쳐 개발되는 하나의 목적적인 결과물이다. 강의는 강의 주제를 중심으로 청중과 호흡하며 청중에게 가장 유익한 방식으로 결과물을 경험하도록 도와주는 일이다. 철저한 준비 없이 좋은 강의를 할 수 없다.

강의 자료를 만든 후에 강의 시연을 반복하면서 훈련하기를 추천한다. 연습의 양은 자신감에 영향을 미친다. 연습한 시간만큼 강의 내용에 익숙해진다. 강의 슬라이드만 보고도 내용을 조리 있게 설명할 수 있다면 충분하다. 연습의 양은 강사가 자신의 스타일을 고려하여 결정할 수 있다. 그러나 연습의 중요성은 강조하지 않을 수 없다. 유명한 스티브 잡스도 하나의 프리젠테이션을 위해 수백 시간을 연습했다는 일화는 잘 알려져 있다.

교수 설계에 대한 지식과 실천은 강의 자신감에 매우 주요한 영향을 미친다. 강의 준비 단계에서 청중과 내용에 대한 분석을 실행한다. 청중이 원하는 것과 청중의 특징을 파악한다. 강의 내용을 적절하게 조직하기 위해 주제와 관련된 내용을 분석한다. 분석 내용을 참고하여 체제적인 방식으로 강의의 다양한 구성 요소를 설계한다. 이러한 일련의 교수 설계 과정을 실천하는 것은 강의 역량 개발에 매우 도움이 된다.

구체적인 강의 전략을 활용하는 능력 또한 매우 중요하다. '청중의 이해를 도모하는 기타의 다양한 방법을 활용할 수 있는가?', '문제 해결 능력이나 창의적 사고력 등과 같은 고차적인 사고를 촉진하는 방법을 활용할 수 있는가?', '청중이나 학습자의 참여를 유도하는 활동을 기획할 수 있는가?', '강의 평가 결과를 피드백하는 방법을 알고 있는가?' 이러한 질문에 답할 수 없다면 청중이 만족할 수 있는 효과적인 강의를 하기는 어렵다.

완벽한 강의 준비에 마침표를 찍는 일은 교수 설계와 교수 전략에 대한 활용 능력을 키우는 것이다. 교사가 되려는 학생들은 대학교에서 '교육 방법 및 교육공학'이라는 과목을 통해 이러한 개념을 학습한다. 대학교의 교수들은 교수학습센터가 제공하는 프로그램을 통해 설계 관점이나 교수법에 대한 정보를 얻는다. 그 외의 성인 교육을 비롯한 다양한 교육 분야의 강사들은 이러한 개념을 접하기 어려울 수 있다. 개인적인 노력으로 교수 설계 분야의 공부를 지속할 것을 추천한다. 최근에는 무료로 수강할 수 있는 온라인 강좌가 많이 개설되어 있어서 관심만 있다면 접근이 어렵지 않다. 교수법과 관련된 도서와 논문의 도움을 받을 수도 있다. 이 책도 그런 면에서 도움이 되기를 바란다.

청중을
사로잡는 강의는
기획부터 다르다

01

완벽한 강의는
완벽한 기획에서부터 시작한다

새로운 분야에 관심이 생기면 나는 종종 강의를 찾아서 듣는다. '스타트업'에 관심이 생기면서 관련 기관을 찾아가 전문가들로부터 여러 분야의 강의를 들어보았다. 그런데 깜짝 놀란 것은 그들의 강의에는 어떤 기획의 요소도 들어가 있지 않았다는 것이다. 강의가 지식이나 정보의 나열로 구성된다고 생각하는 것 같았다. 청중의 수준이나 요구를 고려하지 않은 채 과감히 자신의 전문성을 과시하는 무대로 활용하는 강사도 있었다.

대학교에서 진행하는 수업에서 학생들의 눈높이를 맞추지 않은 강의가 진행될 수 있다. 특정 학문 분야에 대한 전문성 때문에 대학교수는 전문가의 역할에 더 비중이 있다. 강의를 진행할 때도 지식의 전문성 때문에 자신의 역할을 권위자로 설정하기 쉽다. 권위자가 되는 순간 교수는 강의 내용 전달자가 된다. 어떻게 하면 학생들이 더 잘 배울 수 있을지에 대한 질문을 생략한 채 자신의 전문지식을 쏟아내기에 급급할 수 있다.

성인 교육과 대학 교육을 포함한 모든 교육 현장에서 기획하지 않은 강의는 공통적인 문제점을 가지고 있다. 그것은 강사의 역할이 권위자로 설정되어 있다는 것이다. 강사가 중심이기 때문에 청중의 이해를 도모하기 위한 다양한 접근을 시도하지 않는다. 강사는 자연스럽게 강의 무대의 주인공이 된다. 이런 이유로 많은 강의가 청중이나 학습자의 요구가 우선이라는 점에서 시작하지 않는다.

왜 이런 일들이 생기는 걸까? 강의 결과물을 도출하는 과정에서 기획 마인드가 빠져 있기 때문이다. HRD 용어 사전에 따르면 기획이란 '어떤 대상에 대해 변화를 가져올 목적으로 그 목적을 성취하는 데에 필요한 가장 적합한 행동을 설계하는 것'을 의미한다. 대상자의 변화를 가져오기 위해 적합한 일련의 과정을 짜는 것이다. 의도하는 어떤 결과물을 위해 고려해야 할 다양한 요소를 분석하고 가장 효과적인 과정을 설계하는 것이다.

강의를 기획한다는 것은 강의의 목적에 도달하기 위해 강의에 필요한 모든 구성 요소를 고려하여 하나의 프로그램처럼 만든다는 뜻이다. 완벽한 강의를 하고 싶다면 기획 마인드를 갖는 것부터 시작해야 한다. 청중이나 학습자를 중심에 두고 강의를 구성하는 다양한 요소를 검토해야 할 필요가 있다. 기획 과정을 도입하게 될 때, 강사는 강의의 권위자가 아닌 강의 기획자나 강의 매니저가 된다.

강의 기획을 위해 강사들이 활용할 수 있는 모형을 제안한다. 앞에서 소개한 교수설계모형(ADDIE)에 기초하여 강의 설계에 맞는 방식으로 약간 조정한 것이다. 분석 단계에서는 ADDIE 모형에서와 마찬가지로 다양한 분석 활동을 실행한다. 요구 분석을 통해 강의가 어떤 의도와 목적으로 청중에게 제공되는지를 파악하는 것이다. 강의에 참여할 청중의 주요 특성을 분석할 필요도 있다. 강의를 실행하는 물리적 환경에 대해 고려할 부분이 있는지 살펴본다.

핵심 설계 단계에서 최종 목표를 진술하고 세부 목표들을 설계한다. 이 과정을 통해 청중을 위한 방향을 설정하고, 각 목표에 도달하도록 이끄는 핵심 내용을 구조화한다. 내용 영역에 대한 구체적인 세부 내용을 구성하기도 한다. 이를 통해 강의를 어떤 순서로 전개해야 하는지 전반적인 강의 흐름도가 완성된다.

구체적 설계 단계에서는 청중이 내용을 통해 목표에 도달할 수 있도록 다양한 방법을 구사할 수 있다. 강의 내용을 정교화하기 위해 예를 선정한다. 청중이 효과적으로 내용을 이해할 수 있도록 돕기 위함이다. 세부 목표에 따라 다양한 학습 활동을 설계할 수 있다. 청중이 목표에 도달했는지 확인하는 평가도구를 설정한다.

ADDIE 모형에 기초하여 수정된 모형

분석(Analysis)	핵심 설계(Key Design)	구체 설계(Specific Design)
• 요구 분석 • 청중 분석 • 내용 분석 • 환경 분석	• 목표 진술 • 내용 구조화 • 강의 절차 선정	• 내용별 사례 / 예 설계 • 학습활동 / 참여 활동 설계 • 평가도구 설계

나는 '문제 중심 학습(이하 PBL)'이란 주제로 다수의 세미나를 진행한 적이 있다. 많은 경우 세미나의 대상은 대학에 재직하는 교수들이었지만 가끔은 학생들 대상으로 강의했다. 똑같은 주제지만 교수와 학생이란 완전히 상반되는 대상이기에 강의 내용을 다르게 선정해야 했다.

'내용이 같은데 비슷하게 하면 되지 않을까?'라고 생각할 수도 있다. 강의 대상자가 달라지면 새로운 기획 과정을 전개해야 한다. 청중의 요구와 특성이 서로 다르기 때문이다. 청중의 요구와 특성이 달라지면 모든 것을 다르게 구성해야 한다. 각 대상의 학습 목표가 달라지고 전달해야 할 내용의 중요도가 바뀐다. 내용 변화에 따라 강의를 구성하는 절차의 세세한 부분을 수정해야 할 필요가 생기기도 한다.

세미나를 듣는 교수들의 목적은 '문제 중심 학습'이라는 학습 모형을 활용해 학생들의 학습을 유도하는 운영자가 되는 것이었다. 교수들의 주요 역할은 실생활이나 전공 영역에서 일어나는 문제를 만들 수 있는 문제 설계자였다. 교수들은 교과목을 듣는 학생들을 위해 적합한 문제를 개발할 수 있도록 문제 설계 원리와 방법을 습득해야 했다. 이를 위해 나는 문제의 요건을 인식시키기 위해 문제를 만들어보는 실습 위주의 강의를 구성했다.

교수들은 또한 학생의 결과물을 어떻게 평가하는지에 대한 지식을 습득해야 했다. 기존의 시험을 채점하는 방식으로 과정적인 결과물을 측정할 수는 없기 때문이었다. 문제 중심 학습은 학생들 스스로 문제를 해결하는 과정을 통해 학습이 일어난다. 이러한 과정을 지원하기 위해 교수들은 강의 전달자에서 효과적인 코치가 되는 법을 배워야 했다.

세미나를 듣는 학생들의 목표는 교과목에서 문제가 제공되었을 때 어떤 과정을 거쳐 해결하는지 이해하는 것이었다. 학생들은 문제 상황에서 문제를 파악하고 해결안을 도출하는 문제 해결자였다. 또한, 팀워크를 발휘하여 과제를 수행하기 때문에 협력학습의 중요성을 인식해야 했다. 결국, 학생들은 과제를 진행하는 동안 발생하는 학습문제를 스스로 해결하며, 자기 주도적인 학습자로 성공하는 법을 깨우쳐야 했다.

이렇듯 강의의 기획 과정이 같아도 목표와 대상자가 다르면 다른 결과물이 나온다. 청중이 바뀌면 강의 목표와 내용이 달라져야 한다. 강의 목표가 바뀌면 강의 내용과 강의 전개 방식이 바뀌게 된다. 강의 주제가 바뀌면 모든 과정을 새롭게 기획해야 한다. 따라서 기획의 과정은 매번 새롭고 도전적이다.

강사는 기획의 과정을 실천해야 할 필요가 있다. 이러한 과정을 생략한다면 절대 좋은 강의를 만들 수 없다고 해도 과언이 아니다. 만일 여러분의 강의 평가점수가 낮다면, 또는 강의 섭외 빈도가 줄고 있다면, 그 이유는 강의 기획 과정에 문제가 있기 때문일 것이다. 목적적인 결과물을 위해 필요한 다양한 구성 요소와 각 구성 요소의 상호작용적 관계를 함께 고려하는 종합적 시각을 실천할 필요가 있다.

강의 기획을 능숙하게 하고 싶다면 위에서 제안한 모형을 따라 매번 기획 과정을 훈련하면 된다. 다양한 청중과 주제에 맞는 기획 과정을 훈련하다 보면 자연스럽게 강의 기획 능력도 향상된다. 강의 기획 능력이 향상되면 강의 자체가 매우 쉬워진다. 그리고 기획 과정에 드는 시간도 훨씬 단축된다. 강사인 여러분은 어떤 방법으로 강의를 기획하는지 구체적으로 생각해보고 앞에서 제안한 모형과 비교해보길 권한다.

나는 매번 모든 강의의 결과물을 위에서 소개한 각 단계를 따라 하면서 만들어낸다. 분석 단계에서 학습자의 요구와 특성을 파악하여 교과목이나 특강의 콘텐츠 수준을 조절하기 위해 노력한다. 설계 단계에서 강의의 최종 목표에 학생들이 잘 도달할 수 있도록 내용이 잘 구성되어 있는지 신경 쓴다. 구체적인 설계 과정에서 내용을 이해하도록 도울 수 있는 다양한 예를 고안하기 위해 애쓴다.

02

강의 기획력은
만들어진다

못하던 것을 열심히 노력하여 능숙하게 할 수 있게 된 경험이 있는가? 누구나 한 번쯤은 그런 경험이 있을 것이다. 나는 초등학교 6학년 때까지 자전거를 타는 방법을 몰랐다. 겁이 많아서 시도조차 해보지 않은 것이었다. 어느 날 문득 중학생이 되어도 자전거를 탈 줄 모른다면 창피한 일이 될 거라는 생각이 들었다. 그래서 자전거 타는 연습을 시작했고, 포기하고 싶은 순간이 있었지만 결국 해냈다. 아직도 그날을 잊을 수 없다.

반복적으로 시도하고 지속적인 훈련을 하는 것보다 더 좋은 선생님은 없다. 이 원칙은 지식을 암기하는 것에서부터 어려운 운동 능력을 습득하는 것까지 같은 원리로 적용된다. 『반복 학습이 기적을 만든다』라는 책의 저자인 사이토 다카시는 그의 책에서 반복 학습의 효과를 강조한다. 그에 따르면 훈련을 반복하여 훈련의 양이 일정량에 도달하면 기술에 내공이 쌓여 많은 양의 공부를 쉽게 해낼 수 있다는 것이다.

여기서 핵심은 훈련의 양은 사람마다 다르지만, 훈련의 양이 어느 정도의 수준에 도달해야 한다는 것이다. 6학년인 내게 자전거를 능숙하게 타는 데까지 한 달의 시간이 필요했던 것처럼 말이다. 한 달이 되기 전에 포기했다면 나는 자전거를 탈 줄 모르는 어른이 되었을 것이다. 그러니 나에겐 한 달이라는 기간이 훈련의 절대량에 해당하는 것이다.

강의를 능숙하게 기획하려면 어느 정도의 훈련 기간이 필요하다고 할 수 있다. 그 기간을 일반화시킬 수는 없지만 누구에게나 필요한 시간이다. 그 시간이 없다면 강의 기획력은 향상되지 않는다. 사람마다 각기 다른 훈련의 절대량을 가지고 있을 것이다. 청중이나 자신이 만족할 수 있을 때까지 기획하는 노력을 지속할 것을 추천한다.

청중에 대한 분석 없이 어떻게 청중의 요구를 만족시키는 강의를 개발할 수 있을까? 청중을 위한 목표 없이 어떻게 효과적인 강의를 전개할 수 있을까? 목표에 맞는 내용을 선별하지 않고 어떻게 효과적인 강의 내용을 구성할 수 있을까? 각 내용의 이해를 도모하는 예를 활용하지 않고 어떻게 청중에게 유익한 강의를 제공할 수 있을까? 목적적인 방식으로 강의 절차 구성을 고민하지 않고 어떻게 청중에게 만족감을 주는 강의를 진행할 수 있을까?

어느 날 지인인 강 강사가 나에게 도움을 요청해왔다. 학생들이 수업을 너무 어려워해서 수업 분위기가 좋지 않다는 것이다. 나는 우선 강 강사에게 강의 기획을 어떻게 하는지 물었다. 그는 그냥 교재의 내용을 중심으로 강의자료를 만들어 주로 설명하면서 진행한다고 했다. 자신만의 기획 과정이 없는 상태였다.

나는 분석 과정의 중요성을 얘기하면서 학생들의 의견을 조사할 것을 추천했다. 나는 학생들의 어려움이 무엇인지, 쉽게 이해하려면 어떤 도움이 필요한지에 대한 정보를 파악할 필요가 있다는 것을 강조했다. 학생들이 어떤 강의를 원하는지와 학생들이 받고자 하는 도움이 무엇인지 분석할 필요가 있다고 설득했다.

강 강사는 설문지 분석을 통해 다음의 사항들을 알 수 있었다. '강의 내용이 너무 이론 위주로 구성되어 있어 딱딱하다.', '예를 들어 쉽고 구체적으로 알려주면 좋겠다.', '한 주차에 다루는 내용이 너무 많아 따라가기가 어렵다.' 등과 같은 내용이었다. 강 강사는 그 결과를 반영해 강의 자료의 내용을 수정했고, 새로운 학습 활동을 기획하게 되었다. 다양한 사례를 찾아 수업 자료에 추가하기 시작했다. 그 결과, 학생들의 반응이 매 학기마다 조금씩 좋아지기 시작했다.

김 교수는 강의 기획을 잘한다. 강의의 주제에 맞는 목표를 설정해 효과적으로 내용을 구성한다. 청중에게 맞는 사례, 그것도 최신의 사례를 찾아내어 화려하게 강의 자료를 구성한다. 그가 제작한 강의 자료를 보고 있으면 그가 얼마나 많은 시간을 강의 기획에 들였는지 감탄할 정도다. 내용의 전개가 논리적이고 강의 자료가 풍부하니 그의 강의를 듣지 않을 이유가 없다. 그가 대학생이 아닌 일반인을 대상으로 하는 강의에서도 인기가 많은 이유다.

우수한 강사인 그에게도 강사로서 자신감이 떨어지게 만드는 작은 어려움이 있다. 그것은 발음이 정확하지 않아 어눌하게 들리게 하는 부분이 있는 것이다. 가끔은 꼬인 발음을 해서 같은 내용을 정정하여 다시 말하는 경우가 있기도 하다. 그러나 이것은 그가 다양한 행사에 강사로 초빙되기에 약점이 되지 못한다. 왜냐하면 그의 뛰어난 강의 기획력이 이를 커버하기에 충분하기 때문이다.

그렇다면 김 교수는 타고난 기획가일까? 김 교수는 나의 대학 선배로서 교육공학이 전공이라 기획력을 발휘할 수 있는 학문적 배경이 있다. 그러나 대중을 위한 그의 강의 주제는 전공 영역을 넘어서는 다양한 내용을 포괄하고 있다.

문득 김 교수가 새로운 주제의 강의를 기획하는 데 얼마의 시간을 사용하는지 궁금해졌다. 김 교수의 강연에 참석했던 어느 날, 나는 그에게 이번 강의를 준비하는 데 시간을 얼마나 썼는지 물었다. 김 교수는 시간으로는 잘

자신만만 기적의 강의 비법

모르겠지만 자신이 만족할 때까지 수정과 보완을 반복했다고 했다. 김 교수는 확실히 프로페셔널이다. 자신의 명성을 내걸고 대충 강의해도 되지만 그의 기획력에 대한 전문성은 대충 하도록 허락하지 않는다.

강의 기획은 바로 가장 좋은 강의가 만들어질 때까지 최선을 다해 노력하는 시스템이다. 처음부터 기획 능력을 타고나는 사람은 없다. 문제 해결 능력이 갑자기 향상되지 않는 것처럼 기획하는 능력도 하루아침에 능숙해지는 것이 아니다. 문제 해결에 대한 반복된 경험이 능력 향상에 영향을 미치듯이 기획 능력도 많은 경험을 통해 증가한다.

기획의 기본 원리를 아는 것은 중요하다. 더 중요한 것은 반복적으로 기획의 모든 과정을 훈련하는 것이다. 강의마다 최선을 다해 기획하는 마인드로 강의 결과물을 만들어낼 필요가 있다. 강의의 모든 요소를 소중히 하면서 양질의 상품이 될 수 있도록 최선을 다하는 것이다. 이런 경험들이 반복적으로 쌓이게 되면 기획력은 저절로 만들어진다.

기획을 잘하면 청중에게 필요한 강의를 하게 된다. 강사는 기획 과정을 통해 청중에게 정말 필요한 내용과 메시지가 무엇인지 고민하게 된다. 기획을 통해 만들어진 강의 내용은 군더더기가 없다. 내용이 명료하고 깔끔하여 청중이 강의 내용의 핵심을 이해하기 쉽다. 청중에게 필요한 내용만을 가지고 구조화하게 된다.

기획이 되지 않은 강의는 자료의 내용이 평면적으로 나열되어 있다. 어떤

77

내용이 핵심이고 아닌지 청중이 분별하기 어렵다. 기획 과정에서 내용을 논리적으로 구조화해야 하는 단계가 생략되었을 수 있다. 강사의 생각대로 만들어서 불필요한 내용을 담고 있거나 필요한 내용을 생략한 강의 자료가 만들어진다. 청중은 그런 자료를 보는 것이 곤혹스럽다. 머리에 잘 들어오지 않고 이해하기 어렵기 때문이다.

기획을 잘하면 청중에게 따뜻한 강의를 하게 된다. 기획의 과정에서 청중의 특성을 분석하여 청중에게 맞는 내용과 사례를 제공했기 때문이다. 청중이 자신에게 딱 맞는 내용과 메시지를 접했을 때 그 강의는 청중에게 감동을 줄 수 있다. 청중을 고려한 강의는 청중이 먼저 상호작용을 요청한다. '강의 내용 엄청 도움 됩니다. 재미있어요. 강의 잘 듣고 있습니다.'라는 눈빛을 보낸다. 강의하는 사람은 이 눈빛이 무엇을 의미하는지 알고 있다. 이러한 눈빛을 읽게 되면 강사는 강의를 더 잘하게 된다.

기획을 잘하면 청중에게 도움이 되는 강의를 하게 된다. 청중을 위한 목표를 설정했기 때문에 청중에게 유익한 성과를 산출하도록 돕는다. 청중이 목표에 도달하도록 유도하는 과정을 구성해서 전개하게 된다. 청중은 과정을 따라가면서 저절로 강의에 참여하는 경험을 한다. 청중이 얻어야 할 결과를 끌어내기 위해 각 내용과 경험이 설계되었기 때문이다. 결과적으로 청중은 강의를 통해 많은 것을 얻게 된다.

03

청중이 원하는 것을
파악하라

미국의 심리학자 매슬로우의 '욕구 위계설'에 따르면 성장 욕구에 해당하는 첫 번째 단계가 바로 지적 성취 욕구이다. 사람들은 일반적으로 성장하고 싶은 욕구가 생기면 제일 먼저 지식과 정보를 추구한다는 것이다. 자기 발전을 도모하는 사람이 가장 먼저 하는 것이 바로 뭔가 배우는 활동에 참여하는 것이다. 지적인 추구는 후에 자기실현 욕구를 실천하기 위한 기초가 된다.

지적 성취 욕구를 실현하기 위해 사람들이 가장 쉽게 활용하는 도구는 도서와 강의일 것이다. 특히, 최근 들어 강의의 수가 다양한 분야에 걸쳐 엄청나게 증가했다. 시간을 낼 수 있다면 관심 분야의 강의에 참여하는 것은 어려운 일이 아니다. 무료로 들을 수 있는 질 높은 온라인 강좌도 점차 늘고 있어 강의를 통해 지식과 정보를 습득하는 것은 일반적인 현상이 되고 있다.

실제로 나도 '스타트업'에 대한 궁금증을 해결하기 위해 관련 강좌를 들으러 다닌 적이 있다. 어떤 사람들은 나처럼 최신 트렌드에 대한 지적 호기심을 충족하기 위해 강의를 활용했다. 또 다른 사람들은 실제 창업을 준비하는 과정에서 필요한 내용을 확인하고 도움을 받으려고 강의를 들었다.

강의를 듣는 요구는 다양했지만 그렇게 강의를 찾아 들으러 오는 사람들에게 공통점이 하나 있었다. 바로 지적인 호기심이 대단하다는 것이었다. 어떠한 이유로든 관련 분야의 지식을 습득하고자 하는 높은 욕구를 지니고 있었다. 그리고 그 욕구를 해소하기 위해 직접 강의장을 찾아가 강의를 듣는 열정을 보인 것이다.

긍정심리학의 창시자인 펜실베니아 대학의 셀리그만 교수는 긍정심리학의 지혜 영역에 '학습에 대한 열망'을 제안한다. 새로운 것에 대해 알고 싶어 하는 사람들은 삶에 대해 긍정적일 확률이 높다는 것이다. 관심 분야에 대해 적극적으로 전문적인 지식을 습득하고 싶어 하는 사람도 삶에 대처하는 방식이 긍정적일 수 있다. 긍정적이 되려면 학습에 대한 열망을 실천하는 것이 도움이 된다고도 해석할 수 있다.

이러한 내용에 근거하면 청중은 새로운 지식이나 전문적인 지식을 탐구하는 사람들이라고 가정할 수 있다. 실제로 청중은 강의를 통해 자신에게

자신만만 기적의 강의 비법

필요한 지식이나 정보를 습득하기를 원한다. 또는 관련 분야에 대해 자신의 지식을 확장하거나 아이디어를 얻고 싶어 할 수도 있다. 새로운 기술이나 사회 현상에 대한 새로운 관점을 접하고 싶어 할 수도 있다. 삶에 대한 에너지를 얻고자 하는 청중이 있을 수도 있다.

청중이 듣고 싶은 강의 내용은 누구나 알고 있는 일반적인 내용이 아니다. 자기 발전에 도움이 되는 전문적이거나 가치 있는 내용이다. 강의를 의무적으로 들어야 하는 청중이라도 유익한 지식을 얻어가야 한다. 강의에 참여하는 시간을 투자했기 때문이다. 따라서 강사는 청중을 만족시킬 수 있는 가치 있는 지식이나 경험을 전달해야 한다.

청중은 새로운 방식으로 생각하고 싶어 한다. 사고의 전환이 일어날 때 우리는 새로움을 느낀다. 우리는 지금까지 고수해오던 우리의 사고방식과 다른 사고 과정에 노출될 때 흔히 이러한 경험을 한다. 그러나 새로운 사고 과정에 논리가 뒷받침되면 우리는 그것을 수용한다. '어? 내가 생각하지 못했던 것인데, 난 왜 이렇게 생각하지 않았을까?'라며 신기해한다. 이러한 과정은 우리가 지식이나 경험을 자신만의 지식 구조와 사고체계로 형성해가는 가장 기본적인 방식이다.

'자기 주도 학습'이란 주제로 대학생들에게 특강을 하면 학생들이 사고의 전환을 경험하는 것을 목격하게 된다.

"자기 주도 학습은 교수님이 잘 가르치느냐 못 가르치느냐와 상관없습니다. 학습 내용의 난이도도 문제가 되지 않습니다. 학습자 스스로 학습 과정과 결과를 만들어내는 학습 모형이기 때문입니다."

이런 내용을 들으면 학생들의 얼굴이 복잡해진다. 좋은 강의나 나쁜 강의에 대한 실제적인 경험이 있기 때문이다.

"학습의 과정과 결과가 여러분 자신에게 책임이 있다고 생각해야 합니다. 실제로 모든 학습 결과를 여러분이 책임지려고 하는 순간 많은 것들을 변화시킬 수 있어요. 이러한 관점을 가지면 여러분은 학습 성과를 효과적으로 만들기 위해 다양한 전략이 필요합니다. 중요한 것은 여러분이 더 전략적인 학습자가 되는 것입니다."라고 하면서 학습자의 주체의식을 강조한다. 이런 메시지를 통해 인식의 전환을 유도하는 것이다.

청중은 비판적 사고력을 훈련함으로써 고차원적인 사고의 수준을 실천하는 사람으로 진화하기를 원한다. 우리는 지금까지 살아온 경험이나 지식 또는 어떤 영역의 문화의 영향에 따라 어느 정도는 왜곡되어 있거나 편협한 시각을 가지고 있을 가능성이 있다. 이러한 시각을 바로 잡고 더 높은 수준의 사고 과정으로 이끄는 것이 비판적 사고력이다. 강의를 통해 명확한 증거 자료와 새로운 해석으로 비판적 사고 과정을 경험하게 될 때 청중은 유익하다고 느낀다.

'교육 방법 및 교육공학'이란 과목에서 3주차 정도에 교육 방법의 다양한 유형에 대해 개괄적으로 다룬다. 평면적으로 각 방법의 특징을 설명하면 학생들이 쉽게 지루함을 느낄 수 있다. 나는 비슷한 교수법이나 전혀 다른 교수법을 묶어서 유사점과 차이점을 비교하는 방식으로 설명한다. 그러면 학생들이 다양한 방법에 대한 각기 다른 특징을 쉽게 이해할 수 있다.

학생들의 지식에 대한 이해도를 높인 후 내가 사용하는 방법이 있는데 그것은 찬반 토론을 하게 하는 것이다. 주제는 '강의법이 가장 좋은 방법인가?'이다. 학생들은 찬성팀과 반대팀 두 그룹 중 한 팀에 속하게 된다. 각 팀에 속한 학생들이 한 사람씩 돌아가면서 찬성 또는 반대 의견을 주장하고 근거 이유를 밝힌다. 찬성이나 반대하는 근거 이유를 찾다 보면 학생들 스스로 비판적 사고력을 훈련하게 된다.

강의법을 비롯한 다양한 교육 방법에 대한 이해도가 높아지는 것은 물론이다. 각기 다른 방법의 장단점을 이용하여 논리적 근거를 밝히는 사고 과정을 경험하기 때문이다. 찬반 토론이 끝나면 학생들은 일반적으로 다음과 같은 결론에 도달하게 된다.

'강의법은 학생들에게 매우 유익한 방식이지만 교사는 다양한 유형의 방법을 활용하여 학생들이 가장 효과적으로 배울 수 있도록 도와야 한다.'

강의를 통해 특정 기술이나 실천 방법을 배우는 것은 중요하다. 많은 실용적인 강의 주제는 이러한 내용을 포함하는 것이 일반적이다. 특히, 실천 방법이나 기법이 충분히 구체적일 때 청중에게 도움이 된다. 청중이 많은 시간 고민하지 않고 자신의 방법으로 즉시 적용할 수 있도록 활용도가 높은 비법을 제공할 필요가 있다.

내가 대학생을 대상으로 주로 강의해왔던 '팀워크 증진 전략'이나 '목표 설정과 시간 관리'와 같은 특강도 구체적인 실천 방법을 제공해야 효과적인 주제들이다. 이러한 주제를 강의할 때 메시지나 간략한 팁을 제공하는 것으로 마무리하면 충분히 효과적이지 않을 수도 있다. 직접 활용할 수 있는 적합한 도구나 양식을 제공하는 것이 좋다.

'효과적인 시간 관리'라는 특강을 예로 들어본다. 강사는 시간 관리의 중요성을 설명하고, 시간 관리의 다양한 유형을 다룬다. 그다음 '시간 관리를 위한 효과적인 실천 기법'이란 소주제에서 생활 계획표를 작성하는 다음과 같은 팁을 소개한다.

- 활용 시간을 60%만 계획하고 40%는 남겨둔다.
- 교과목 수업을 먼저 배정하고 다른 일은 나중에 채워 넣는다.
- 구체적으로 시간 계획을 세운다.
- 학교생활에 따른 변동사항을 반영하여 작성한다.
- 일정표에 해야 할 일들에 대한 마감 날짜를 적는다.

학생들에게 이와 같은 팁은 충분히 구체적이지 않을 수 있다. 학생들은 이러한 정보를 적용하여 자신의 시간표를 개발하는 과정을 더 거쳐야 하기 때문이다. 유용한 팁이나 정보를 제공하는 지시 사항은 활용 가치가 떨어진다. 학생들에게 도움을 주려면 앞의 팁을 반영한 '일일 생활 계획표 샘플'을 제시하는 것이 더 효과적이다. 샘플은 양식과 예시를 다 포함하고 있기 때문이다.

나는 '목표 설정과 시간 관리 전략'이라는 특강을 진행할 때 '시간 관리 방법'이라는 마지막 소주제에서 '시간표 작성법'을 다룬다. 실제 작성된 샘플을 올려놓고 작성 방법을 구체적으로 설명한다. 학생들은 강의 후 즉각적으로 자신의 양식으로 바꿔 활용할 수 있다. 내가 샘플을 인쇄물이나 파일 형태로 제공하기 때문이다. 이를 위해 강사는 청중에게 충분히 도움이 될 만한 구체적인 기법이나 샘플을 부지런히 연구하고 개발할 필요가 있다.

청중은 강의를 통해 새로운 트렌드나 사회적 변화에 대해 긍정적인 감정을 경험하기를 원한다. 특히 우리 사회의 흐름을 전환하는 이슈들이 등장할 때 그와 관련된 강의를 듣는 사람은 이를 배척하려는 사람들이 아니다. 오히려 이런 사람들은 대부분 새로운 변화를 이해하고 보다 효과적으로 대처하고 싶어서 강의를 듣거나 정보를 추구한다.

이러한 주제를 강의하는 경우 청중이 시대적 변화와 이슈를 제대로 파악할 수 있도록 도와주어야 한다. 특히, 객관적인 자료와 정보를 활용하여 청중이 새로운 마음가짐으로 자신감 있게 대처할 수 있도록 안내해야 한다. 『포노 사피엔스』라는 책을 저술한 최재붕 교수의 강의는 나에게 많은 도움이 되었다.

최 교수의 강의를 통해 스마트폰의 중요성이 훨씬 크게 다가왔다. 스마트폰이 내가 활용할 수 있는 매우 유용한 도구로 인식되면서 다양한 활용법에 대한 호기심도 생겼다. 강의 내용이 다양하고 실제적인 데이터와 정보를 분석하여 시대의 흐름을 파악할 수 있도록 도왔기 때문이다. 컴퓨터가 효과적인 업무는 컴퓨터로 작업하되 스마트폰이 제공하는 편리한 도구로서의 가치를 적극적으로 활용하여 새로운 진화에 대처해야겠다는 생각이 들었다.

결국은 변화가 답이다. 강의를 통해 청중이 원하는 것은 진정한 변화이다. 지식의 변화, 시각의 변화, 사고 과정의 변화, 마음가짐의 변화를 결과적으로 얻고자 하는 것이다. 청중은 바보가 아니다. 청중이 진짜 원하는 것은 성장과 발전이다. 성장과 발전을 위해 시간을 들여 학습 과정에 참여하는 것이다.

청중은 강의를 통해 현 단계에서 다음 단계로 도약할 수 있도록 힘을 얻기 원한다. 더 많은 배움으로 스스로 성장할 수 있는 다양한 방법을 찾기 원한다. 또한, 새로운 변화와 전환에 적극적으로 대처하는 현명한 사람이 되기를 원한다. 이러한 사실을 제대로 안다면 어떤 강의도 소홀히 할 수 없다. 청중이 무엇을 원하는지 알기 때문이다.

| 지식의 종류에 따른 강의 전략

1. 명제적 지식

특 징 • 명칭 • 사실 • 명제적 지식 • 증거적 지식

강의 전략 • 있는 그대로 습득하는 방식으로 학습(암기 요구)

• 지식을 진술하는 형태로 표현

　(예: 퀴즈 프로그램 질문에 대한 지식이나 정보의 회상)

• 반복 연습의 중요성 강조

2. 절차적 지식

특 징 • 어떤 과제를 어떻게 수행해야 하는지에 관한 지식

• 효과적인 절차가 있다는 것이 특징

• 절차를 그대로 재현하는 것이 중요

강의 전략 • 시연과 같은 것을 통해 보여주는 것이 중요

• 절차를 적용한 예를 제공하여 구체적 경험으로 유도

• 절차적 지식을 지식으로 습득하는 것을 넘어 절차를 활용해 볼 기
회를 제공

3. 조건적 지식

특 징 • 언제, 어떤 상황에서 무슨 지식을 활용해야 하는지를 아는 지식

• 실제 상황에서 수행해 보일 수 있는 능력을 의미

강의 전략 • 새로운 상황에서 적절한 판단하에 지식을 활용하는 능력이므로
다양한 과제를 통해 활용 능력을 배양할 수 있도록 유도

출처 : 「ACT-R: Adaptive Control of Thought Rational 이론」, Anderson JR & Lebiere, C (1998)

┃ 기술에 따른 강의 전략

1. 의사소통 능력 강의 전략

• 토의를 통해 내용을 정리하는 활동
• 논쟁의 여지가 있는 주제를 선정하여 토론할 수 있는 기회 제공
• 미니 발표나 5분 스피치 활동을 통해 언어 활동 촉진
• 다양한 과제를 통해 글쓰기 기회 제공 (글쓰기 절차나 글쓰기 전략 안내)

2. 팀워크 능력 강의 전략

• 효과적인 팀워크 과정에 대한 안내 제공
• 팀 운영을 위한 전략 제공
• 팀 과제를 통해 팀워크를 위한 기회 제공

자신만만 기적의 강의 비법

3. 자기 조절 능력 강의 전략

• 과제와 함께 과제 수행 방법에 대해 안내

• 목표 설정의 중요성 강조

• 장단기 계획 세우기와 액션 플래닝 작성법 안내

• 자기 관리를 위한 전략 안내

• 시간 관리 전략과 시간 계획표 세우기 안내

4. 비판적 사고력 강의 전략

• 지식과 정보의 사실 여부를 판단하는 기회 제공

• 지식과 정보 및 주장의 출처를 객관적으로 분석하는 기회 제공

• 더 높은 수준의 사고 과정을 훈련할 수 있는 전략과 과정 안내

• 합리적 의사결정을 위한 다양한 사례를 제공하여 모델링 효과 유도

5. 문제 해결 능력 강의 전략

• 효과적인 문제 해결 절차에 대한 안내

• 문제 해결을 통해 성취할 수 있는 다양한 과제 제공

• 문제의 원인을 파악하고 문제를 공식화할 수 있는 과제 제공

• 문제를 풀기 위해 다양한 정보와 데이터를 탐색하는 방법 안내

• 활용하는 자료의 정확성과 적합성을 판단하는 훈련 기회 제공

| 태도에 따른 강의 전략

1. 자기존중감 강의 전략

• 개인의 성취를 비교하는 강의 문화 지양
• 함께 협력하여 팀으로 발전해나갈 수 있는 과제 제공
• 미래 지향적인 메시지로 동기 고무 촉진

2. 자신감 강의 전략

• 강의를 통해 작은 성공 경험을 가질 수 있는 기회 제공
• '할 수 있다'는 동기 고무적 메시지 반복 제공
• 노력으로 성취할 수 있는 과제 제공
• 강의 목표에 도달할 수 있는 성취 요건을 명료하게 안내

3. 긍정적 마인드 강의 전략

• 지식, 기술, 정서적 성취를 균형적으로 이룰 수 있는 복합적인 과제 제공
• 성찰 일기를 통해 학습의 과정을 돌아보는 훈련 유도
• 긍정적인 피드백을 활용하여 노력의 과정을 칭찬
• 격려하고 배려하는 학습 문화 정립

04

청중에 대한 분석은
강의의 기본이다

청중에 대한 분석은 강의의 기본이다. 강의를 준비할 때 가장 기본이 되는 일은 청중의 주요한 특성을 파악하는 것이다. 그래야 적합한 강의 내용과 강의 전략을 선정할 수 있다. 강사가 가장 먼저 청중을 분석하지 않는다면 강의의 다양한 요소를 결정하는 데 어려움이 생긴다. 청중에게 맞는 강의 내용을 선정하는 것뿐만 아니라 강의 내용을 전개하는 적합한 방식을 결정하는 데 실수할 수도 있다.

청중을 분석한다는 것은 강의의 모든 구성 요소 중 청중을 주인공으로 캐스팅한다는 의미이다. 청중이 강의의 내용을 자기 것으로 소화할 수 있도록 청중을 최우선 순위로 고려한다는 뜻이다. 청중에게 유익한 강의를 제공하기 위해 청중의 특성에 기초한 강의 전략을 활용하겠다는 의도이다. 청중의 특성 분석은 청중이 가장 잘 배울 수 있는 효과적인 내용의 수준과 방식을 결정하기 위해 실행하는 것이다.

가장 먼저 파악해야 하는 청중의 특성은 강의 내용과 관련된 청중의 지식이나 경험 체계이다. 왜냐하면, 강의 주제와 관련된 내용의 전문성 수준이 청중이 효과적으로 받아들일 수 있을 정도로 적합해야 하기 때문이다. 청중에게 너무 뻔한 내용이 아니어야 하고, 너무 어려워서 거부감이 들지 않도록 조절할 필요가 있다. 청중이 자신의 것으로 받아들일 수 있는 수준의 내용이어야 한다.

대학교수를 대상으로 '수업 디자인'이란 주제로 교수법 세미나를 진행한 적이 있다. 대학교수는 자신의 전공 영역으로 지적 자부심이 있는 사람들이지만 교수 설계나 강의법에 대해서는 잘 모를 수 있다. 그러나 강의 자료를 직접 개발해서 가르치는 사람들이기 때문에 강의에 대한 경험치는 높다.

강의를 준비하면서 나는 청중 분석을 통해 교수 설계와 관련된 전문 용어를 사용하지 않기로 결정했다. 전문 용어에 대한 거부감을 없애고 교수들의 강의 경험을 존중하기 위해서였다. 이론적 설명보다 다양한 강의 사례를 다루면서 설계 방법에 대한 이해를 도왔다. 교수들이 핵심 원리를 자신의 강의에 어떻게 적용해야 하는지를 소개하는 방식으로 진행했다.

PBL에 대한 교수법 세미나를 진행할 때도 청중 분석은 기본이었다. 나는 주로 전국의 공과대학 소속 교수들을 대상으로 강의를 했다. 공과대학 교수들은 응용학문을 전공하고 있어 새로운 교육 방식에 대해 다른 영역의 전문가보다는 열려 있다. 문제를 설계하는 방식과 평가 방법을 효과적으로 안내받으면 수업에 도입할 확률이 높다.

이들은 언어적 설명보다는 실제 사례나 구조화된 샘플을 선호하는 특징이 있다. 나는 세미나 주체 기관에 연락해 교수별 전공 분야를 파악한 후 가장 많은 전공 분야의 실제 문제 시나리오를 준비했다. 교수들은 자신들의 전공 영역의 문제 시나리오를 보자 호기심을 보였다. 직접 수업에 활용할 수 있는 수업 운영 절차와 평가표 등을 포함하는 샘플을 개발해 제공했다. 수업에 활용할 수 있도록 돕기 위함이었다.

청중의 특성을 파악하기 위해 청중의 학습 스타일을 분석하면 효과적이다. 학습 스타일은 학습자가 어떻게 정보를 받아들이고 인식하는지에 관한 유형을 설명하는 것이다. 나는 1988년 펠더와 실버맨에 의해 개발된 모형에서 제안하는 학습자 스타일의 개념을 빌려 나의 강의 경험에 근거한 대표적인 청중 스타일을 소개하고자 한다. 지금까지의 강의 경험을 통해 만난 다양한 학생과 청중을 분석해보면 크게 5가지 유형의 학습자 스타일을 만나게 된다.

1. 감각적 유형

감각적 유형의 사람은 지식이나 정보가 단지 이론이 아닌 실제성을 가질 때 쉽게 받아들인다. 어떤 내용을 설명할 때 구체적인 사례나 데이터를 제공하면 이해도를 높일 수 있다. 이 유형의 사람들은 어떤 정보나 이론으로부터 함축된 의미를 찾는 것보다 실제적인 정보를 통해 내용을 의미화하는 특징을 가지고 있다.

박사학위를 마치고 처음 대학 강단에 섰던 첫 학기에 나의 강의 자료는 이론과 딱딱한 지식으로 가득 채워져 있었다. 하나의 교재를 중심으로 개념이나 원리를 설명하는 방식을 주로 활용했다. 한 학기가 지나기도 전에 내가 먼저 강의 내용이 지루하게 느껴지기 시작했다. 그래서 다양한 자료를 찾아보기도 하고, 내 경험을 재조직하기도 하면서 딱딱한 내용에 실질적인 사례를 접목했다. 그 이후로 나는 편안한 마음으로 강의할 수 있었다. 강의 내용에 재미가 더해진 것은 물론이다.

2. 시각적 유형

시각적 유형의 사람들은 상징적인 언어나 부호보다는 시각적 산출물을 통해 정보를 더 잘 받아들인다. 어떤 내용과 함께 그림이나 도표 등과 같은 다양한 시각적 자료를 제공할 때 이해도가 높아진다. 이들은 시각 자료를 활용하여 정보를 조직하는 활동을 좋아하기도 한다. 마인드맵을 그려보거나 개념도를 작성하는 활동을 통해 지적인 만족감을 느끼도록 유도할 수 있다.

지금까지의 내 경험을 통해 시각적 자료를 활용하는 것은 많은 학습자에게 효과적이었다고 말할 수 있다. 영상 매체의 발달로 인해 시각적 자료에 노출되는 경향이 많다 보니 시각적 자료에 대한 선호도가 발달했다고 말할 수도 있다. 파워포인트를 활용하지 않고 1시간 이상을 언어적 활동으로만 강의하는 것은 이제 상상하기 어려운 일이다. 그만큼 잘 정리된 시각 자료는 청중이 강의 내용을 이해하도록 돕는다.

시각 자료 대신 나는 한글로 만든 비교표를 제공해주고 강의하는 경우가 종종 있다. 각기 다른 학습이론에 대한 유사점과 차이점을 인식하도록 돕기 위해 나름대로 가공한 표를 활용한다. 교수 설계 절차를 안내할 때도 단계별 수행해야 할 과제의 종류를 종합하여 한 페이지를 꽉 채운 표를 제공한다. 강사가 다양한 유형의 시각 자료를 자신의 강의에서 구사할 수 있다면 그것은 유용한 무기가 될 것이다.

3. 직관적 유형

직관적 유형의 사람들은 이론이나 지식의 전체적인 구조를 바탕으로 효과적인 세부사항의 의미를 파악하는 특성이 있다. 이 유형의 사람들은 단편적인 지식을 암기하는 것이 아니라 전체적인 구조 속에 위치하는 세부적인 정보와 지식을 연결하면서 배운다. 강의를 들을 때 전체적인 흐름을 먼저 파악하고 주요 부분을 지지하는 내용을 이해하려고 한다.

이들은 처음에는 이해 속도가 느린 것처럼 보일 수도 있다. 그러나 전체적인 개념도를 확보하면 세부적인 내용 간의 연결성과 관계성을 매우 잘 파악할 수 있다. 이 유형의 사람들은 강의 내용의 전체적인 흐름을 개괄해줄 때 세부 내용에 더 잘 몰입할 수 있다. 강의의 처음과 끝에 내용의 전체적인 그림을 활용하여 이들에게 도움을 줄 수 있다.

나는 전형적인 직관적 유형의 사람이다. 책이나 교재를 읽을 때도 목차로부터 먼저 주요 정보를 획득한 후 내용을 읽는다. 한 장이 끝나기 전에 두세 번 정도 앞으로 돌아가 내용의 구조를 다시 파악한다. 새로운 지식이나 이론을 단편적으로 접했을 때 정보를 습득했다는 느낌이 쉽게 들지 않는다. 이를 해소하기 위해 나는 내가 학습한 내용이 전체적인 지식 구조의 어디에 위치하는지 확인한다.

4. 활동적 유형

활동적 유형의 사람들은 지식과 정보의 이해를 넘어서서 실제 무언가 해보는 활동을 통해 배우는 것을 좋아한다. 이 유형의 사람들은 일방적으로 듣는 것보다 토론이나 토의와 같이 실제로 말을 해보는 활동을 하면서 더 잘 배운다. 또는, 과정을 거치면서 도달할 수 있는 산출물을 만들어내는 과제를 선호하기도 한다. 특히 팀 활동을 하면서 협력하는 방식의 활동을 제공하면 기꺼이 수준 높은 결과물을 완성해낸다. 활동적 유형은 수동적인 역할에서 벗어나 직접 참여하는 능동적인 역할을 부여받을 때 빛나는 사람들이다.

공과대학 학생들을 대상으로 '소프트스킬'이란 과목을 개발해 가르친 적이 있다. 소프트스킬에 해당하는 의사소통 능력과 평생학습 능력 및 공학윤리 등을 배양하는 과목이었다. 소프트스킬 능력을 키우는 것이 교과목의 목표여서 직접 참여하여 실제 해보는 기회가 중요했다. 수동적으로 앉아 이론을 이해하는 과목이 아니었기 때문이다. 나는 디자인 요소를 가미하여 매주 차 워크시트에서부터 기말 프로젝트까지 다양한 활동을 개발했다.

학생들이 열심히 수업에 임했다. 1시간 정도는 강의를 듣고 나머지 1시간은 워크시트를 기반으로 학습 활동에 참여했다. 학습 활동에는 각 주의 주제에 따라 각기 다른 활동을 포함했다. 토론을 통해 결론을 내는 것도 있었고, 사례를 중심으로 분석해보는 것도 있었다. 비판적으로 사고하여 논증이나 반박하는 미니 발표를 할 때도 있었다.

학생들이 모든 활동을 즐기면서 하고 있어서 강의실이 기분 좋게 떠들썩했다. 학생들이 기말과제 프로젝트와 발표까지 완성도 있게 수행했다. 강의가 끝난 후 학생들의 결과물을 통해 나는 학생들이 매우 의미를 부여하며 과제를 완성했다는 것을 확인할 수 있었다. 공과대학 학생들은 활동형이 많앉고, 다양한 학습 활동이 학생들에게 잘 맞았다. 나도 참 기분 좋은 수업을 했다는 만족감을 느꼈다.

5. 사고적 유형

사고적 유형의 사람들은 혼자 사유하면서 정보를 처리하는 방식을 좋아한다. 이 유형의 사람들은 실제 해보는 것보다 곰곰이 생각해보는 과정을 통해 더 잘 배운다. 특히, 깊은 사고 과정을 요구하는 아이디어나 정보를 접할 때 매우 집중하는 경향을 보인다. 해결해야 할 과제가 제공되면 먼저 생각을 정리한 후 시작하기 원한다. 이들에겐 사고 과정을 통해 의미 있는 정보나 경험을 산출하는 것이 중요하기 때문이다.

이런 유형의 사람들을 위해 나는 다양한 사고를 유도하는 질문을 활용한다. 교육 방법의 다양한 유형을 다루는 강의 시간이었다. 나는 도입부 첫 슬라이드에 '강의법은 가장 좋은 교육 방법인가요?'라는 질문을 던졌다. 학생들은 생각하기 시작한다. 강의법 말고 다른 교육 방법에 어떤 것이 있는지 알아야 하는데 지식이 부족함을 느낀다.

지식보다는 지금까지의 교육받은 경험을 바탕으로 생각을 정리해보라고 돕는다. 그러면 학생들은 자신의 실제적인 경험을 떠올리며 반응하기 시작한다. 어떤 학생들은 강의법에 대한 긍정적인 경험을 얘기한다. 다른 학생들은 자신의 들었던 강의의 부정적인 측면을 언급한다. 이러한 접근은 교육 방법을 배우기 전, 내용에 대한 호기심을 끌어내기에 충분하다. 이후 학생들은 교육 방법에 대한 지식의 부족함을 해결하기 위해 강의 내용에 매우 집중한다.

청중 분석이 강의의 기본이지만 청중을 철저히 파악하는 것은 쉬운 일이 아니다. 우선 청중의 주요 특성을 고려하여 강의 기법에 반영하는 것이 필요하다. 두드러진 주요 특성을 파악하는 것은 조금만 노력하면 가능하기 때문이다. 본 장의 내용을 참고하여 청중의 사전지식 체계를 확인하고 학생들의 주요한 학습 스타일을 고려한 전략을 도입할 수 있다.

그런데 정말 다양한 유형의 청중이 듣는 강의를 하게 될 수도 있다. 그런 경우는 다양한 교수법과 전략을 구사하는 것이 도움이 된다. 다양한 방법을 사용하면 다양한 청중의 특성을 조금씩은 고려할 수 있기 때문이다. 사고 과정을 요구하는 질문을 던질 수도 있고, 재미있는 활동을 제공할 수도 있다. 또한 시각 자료와 더불어 전체적인 내용 구조도를 함께 활용할 수 있다.

❙ 청중 스타일에 따른 강의 전략

1. 감각적 유형

학습 성향
- 실제적인 데이터나 자료 선호
- 구체적인 사례를 통해 배움
- 암기에 강함

강의 전략
- 실제적인 데이터나 통계 자료 활용
- 사실적이고 명확한 학습 자료 제공
- 실제 사건을 다룬 동영상 활용

2. 시각적 유형

학습 성향
- 시각적 자료 선호
- 언어적 설명이 들어간 자료보다 그래픽 자료 선호
- 방대한 내용의 자료보다 가공된 요약 자료 선호

강의 전략
- 시청각적 방법의 활용
- 다양한 그림과 그래픽 자료 제공
- 언어적 설명을 도표나 다이어그램으로 가공한 자료 제공

3. 직관적 유형

학습 성향 • 대상의 전체와 본질을 직접 찾아내는 것 선호

　　　　　• 복잡한 사건의 의미를 찾는 활동에 관심이 높음

　　　　　• 함축된 의미를 찾아내는 능력 발달

강의 전략 • 이론이나 지식의 전체적인 체계를 안내

　　　　　• 지식 간 관계나 인접 개념을 함께 학습할 수 있는 자료 제공

　　　　　• 관계나 패턴들로부터 의미를 찾아내도록 유도

4. 활동적 유형

학습 성향 • 직접 참여하는 학습 활동 선호

　　　　　• 활동적인 학습 선호

　　　　　• 협력학습 활동에 적극적

　　　　　• 프로젝트, 발표, 토론, 토의 등의 활동 선호

　　　　　• 학습의 방향을 명확히 제시

강의 전략 • 변화 있는 학습 활동 제공

　　　　　• 순차적 학습 과정 제공

　　　　　• 구조화되고 명확한 지침 제공

5. 사고적 유형

학습 성향 • 사색과 사고 활동 선호

• 학습 내용을 조직화하는 것 선호

• 성취에 대한 기대 높음

강의 전략 • 스스로 속도를 조절하는 학습 선호

• 사고를 유도하는 탐구적 질문 제공

• 생각할 시간을 충분히 주고 과제를 진행하도록 유도

• 스스로 학습 내용을 구조화하는 기회 제공

참고 : 「Learning and Teaching Style in Engineering Education」, Felder, R.M. & Silverman L.K. (1998)

05

목표가 명확하면
콘텐츠도 명확해진다

슐러 목사의 '작은 일도 목표를 세워라. 그러면 반드시 성공할 것이다.'라는 명언이 있다. 목표가 과녁과 같은 역할을 하여 실제로 그 목표에 도달하도록 이끌기 때문이다. 목표를 설정하면 그 목표에 에너지를 집중하게 된다. 방향이 설정되어 도달점을 바라보고 전진하면 되기 때문이다. 따라서 목표는 어떤 일을 추진하는 원동력이 되기도 하고, 달성해야 할 결과물이 되기도 한다.

우리 삶에서 목표가 있는 것과 없는 것의 차이는 매우 크다. 성공한 사람들의 공통된 특징 중의 하나는 그들이 분명한 목표를 가지고 거기에 도달하기 위해 노력하는 삶을 살았다는 것이다. 따라서 목표가 없다면 도달할 지점이 없다는 것이다. 도착해야 할 목적지가 없는데 어떻게 목표를 향한 과정을 만들 수 있겠는가?

내가 목표를 설정하고 이룬 일 중 가장 성공적이었다고 생각하는 일은 미국으로 대학원을 진학한 일이었다. 나는 대학을 졸업하자마자 한 대학교 교육연구소에 직원으로 취업을 하게 되었다. 대학교라는 직장의 좋은 점은 방학이 있어서 자기 공부할 수 있는 여유를 가질 수 있다는 것이다. 나는 그런 시간을 활용하여 꿈에 그리던 유학 준비를 시작할 수 있었다.

목표는 나의 전공 영역에서 상위권에 들어가는 플로리다 주립대학교 교육공학과에 입학하는 것이었다. 그 당시 미국 대학교에 유학을 가려면 보통 준비 기간이 짧게는 3년, 길게는 5년이 걸렸다. 나는 3년 차에 입학 허가를 받아 4년 차에 미국에 들어가기로 마음먹고 여유 있게 실천 계획을 짰다.

나는 크게 4가지 분야에서 구체적인 목표가 필요하다는 것을 깨달았다. 나는 목표에 도달하기 위해 장단기 시간 계획표를 만들고 준비를 시작했다. 우선, 일정 기준에 달하는 토플 점수와 GRE 점수를 받아야 했다. 이는 영어 실력과 별개로 미국 대학에 제출해야 하는 점수였다. 입학서류는 정해져 있지만, 질을 보장하기 위해 단계별 목표를 정해 차근차근 완성해 나갔다.

영어 활용능력은 나름대로 목표를 정해 미국에 입국하기 전까지 장기적으로 실력을 높여 나갔다. 특히 보고서나 논문 작성에 대비해 쓰기 실력 향상을 최우선 목표로 두었다. 나는 석사 장학금을 받기 위해 다양한 조사를

104

자신만만 기적의 강의 비법

했다. 장학금을 지원하는 관련 기관에 서류 지원하면서 면접을 치르나갔다.

내가 정한 기간 안에 목표했던 영어 점수를 받았고, 모든 서류를 만족할 만한 수준으로 만들어 3년 차에 대학원에 서류를 제출했다. 4년 차에 석사 학기 시작하는 것으로 입학 허가를 받았다. 모든 것이 목표를 따라 계획한 대로 이루어졌다. 나는 결국 로터리 재단의 장학금을 받고 유학길에 오를 수 있었다.

마찬가지로 강의 목표는 중요하다. 강의 목표는 강의를 통해 청중이 어떠한 결과에 도달하는지 알려주는 역할을 하기 때문이다. 강의 목표가 없는 강의는 소주제 또는 내용 중심으로 전개된다. 주제와 관련된 내용만 고려하여 강의를 구성할 때 가장 중요한 것은 강사의 논리적 사고 과정이다.

강사의 논리적 사고 과정은 천차만별이다. 강의 경험이 많은 강사라고 하더라도 익숙하지 않은 주제나 경험적인 에피소드가 부족할 때 강의 내용을 논리적으로 구성하는 것이 매우 어렵다는 것을 느끼게 된다. 강의 내용을 구성하기 전에 먼저 목표를 설정하는 것이 필요하다. 목표는 결국 학습의 결과로 나타나기 때문이다.

강의 목표는 다른 말로 바꾸면 학습 목표가 된다. 청중이 결과적으로 강의 후에 무엇을 할 수 있는지 고려한 표현이다. 또는 청중이 강의 경험의 결과로 어떤 능력을 얻는지를 설명하는 선언문이다. 강의를 통해서 청중이 도달 가능한 목표를 설정하는 것이 바람직하다. 목표가 분명하게 진술되어야 청중을 안전하게 도착 지점에 내려줄 수 있다. 목표가 구체적으로 진술되지 않으면 강의는 내용의 나열로 구성된다.

'원래 강의는 내용으로 구성되는 것 아닌가?'라고 생각한다면 '반은 맞고 반은 틀리다.'라고 말할 수 있다. 내용 없는 강의란 있을 수 없으므로 한편으로는 맞는 말이다. 그러나 다른 한편으로는, 강의를 통해 청중이 도달해야 하는 능력의 상태가 빠져 있으므로 부족하다. 목표란 '청중이 강의를 통해 결국 무엇을 할 수 있게 된다.'에 해당한다. 따라서 목표에는 강의를 통해 변화된 청중의 능력을 나타내는 결과가 진술되어야 한다.

강의 목표를 설정하는 방법은 청중 또는 학습자를 주어로 설정하고, 행동해야 할 동사를 활용하여 진술하는 것이다. '효과적인 시간 관리 전략'이라는 주제로 대학생을 대상으로 특강을 진행한 예를 들어보겠다. 강의의 최종 목표는 '나만의 시간 관리 도구를 활용할 수 있다.'이다. 이 목표는 학생들이 효과적인 도구를 활용하여 자신만의 시간 관리 전략을 실천하도록 요구한다.

이 목표를 설정한 이유는 학생들이 시간 관리에 대한 노하우를 습득하는 것에서 넘어서서 자신만의 시간 관리 도구를 실제 적용해보는 기회가 학생들에게 더 유익할 것이라는 나의 판단에 따른 것이다. 어떠한 강의든 청중이나 학습자가 직접 해보는 활동을 통해 배우는 것이 강의를 일방적으로 듣는 것보다 훨씬 도움이 된다. 강의 목표를 달성하도록 돕기 위해 나는 학생들이 활용할 수 있는 몇 가지 도구와 양식을 개발해야 했다.

같은 주제로 '시간 관리에 필요한 핵심 비법을 3가지 열거할 수 있다.'라는 목표를 설정할 수도 있다. 시간 관리에 필요한 다양한 비법이 강의 내용에 포함될 것이다. 비법들을 활용한 사례들도 보여줄 수 있을 것이다. 그러나 강의에서 학생들이 직접 도구를 적용해보는 기회는 없을 것이다. 목표가 비법을 열거하는 것이기 때문이다. 목표가 명확할수록 강사가 준비해야 하는 자료도 구체적인 것이 된다.

구체적인 목표를 설정해야 목표에 도달할 수 있는 내용을 결정할 수 있다. 내용이 먼저가 아니고 목표가 먼저이다. 그런데도, 나는 목표 없이 진행되는 많은 강의를 보았다. 그런 강의의 특징은 청중을 고려하지 않고 내용 중심으로 진행된다는 것이다. 다시 말해서 청중이 도달해야 할 결과 없이 강사가 전달하고 싶은 내용으로 강의를 구성한 것이다.

어려운 내용을 재가공하지 않고 나열하는 방식을 주로 사용한다. 그러다 보니 왜 이런 내용이 강의에 포함되어 있는지 분명하지 않다. 청중도 왜 그런 내용을 배워야 하는지 이해하지 못한다. 목표를 설정하면 강사는 어떻게 도달하는 과정을 이끌어갈지 고민하게 된다. 청중이 지식을 습득하거나 능력을 개발하거나 특정 행동을 수행하도록 도와야 하기 때문이다.

'교육 방법 및 교육공학' 과목을 강의할 때 학생들을 위해 설정한 최종 학습 목표는 '교수 설계 모형에 따라 특정 주제의 강의 자료를 개발할 수 있다.'

였다. 학생들이 자신의 강의 자료를 개발하는 능력까지 끌어내주어야 교육 공학이라는 과목을 배우는 의미가 있다. 학생들이 이 목표에 도달하는 것은 매우 어렵다. 어려운 목표를 설정할수록 강사가 하는 일이 많아진다. 학생들이 목표에 도달할 수 있는 방식으로 지도해야 하기 때문이다.

중간고사 이후 9주 차부터 컨설팅 과정을 도입해 학생들이 결과물을 만들어가는 과정을 이끌어주었다. 이 과목을 가르치는 보람은 마지막 주 학생들이 발표하는 시간에 느끼게 된다. 학생들은 발표를 마친 후 이렇게 말하곤 했다.

"정말 힘들었지만, 교육공학 과목을 들은 보람이 있어요."
"복잡한 과정을 통과했지만 이제 제 강의 자료를 스스로 만들 수 있게 되었어요."
"강의 자료를 만들 수 있는 능력이 생기게 되어 너무 뿌듯해요."

학생들이 강의 자료를 개발하는 목표까지 도달하도록 도우려면 강좌의 주요 내용을 포함하는 모든 이론도 설명에서 끝나면 부족하다. 이론에서 제시하는 학습 원리를 적용하여 강의 내용으로 녹여내는 능력을 발휘할 수 있도록 지도해야 한다. 학생들의 능력을 정확히 키워주기 위해 나는 팀 코칭과 컨설팅을 포함하는 다양한 방법을 활용했다. 목표가 명확하면 콘텐츠도 명확해진다.

| 학습 목표의 유형과 관련 동사(Bloom's Taxanomy)

1. 지식 / 암기(Remembering)

- 용어 암기
- 역사적 사실 암기
- 이해를 통해 저장된 다양한 지식을 기억하는 것
- 나열하다, 회상하다
- 항목을 말하다, 암송하다, 순서대로 말하다
- 정의하다, 읽다, 쓰다
- 찾다, 고르다, 짝을 짓다

2. 이해(Understanding)

- 정보를 이해하여 자신의 언어로 설명하는 것
- 내용을 요약하는 것
- 번역하는 것
- 고르다, 표시하다, 그림으로 그리다
- 분류하다, 배열하다, 번역하다
- 관계를 설명하다, 요약하다, 결론을 내다
- 예를 들다, 추정하다, 공식을 만들다

3. 적용(Applying)

- 문제를 풀기 위해 정보를 사용하는 것
- 추상적이고 이론적 개념을 실제 상황에 맞게 변화하는 것
- 개념이나 원리의 관계를 규명하는 것
- 변화시키다, 선택하다, 결정하다
- 직접 시범을 보이다, 재현하다
- 개발하다, 설정하다, 행동 양식으로 바꾸다
- 작동하다, 활용하다, 수행하다, 문제를 풀다, 보고하다, 만들다, 건축하다, 가르치다
- 다이어그램을 그리다, 차트를 만들다

4. 분석(Analyzing)

- 정보를 나누는 것
- 구성 요소를 규명하는 것
- 배열을 결정하는 것
- 논리적으로 배열하는 것
- 분석하다, 연구하다, 합치다, 찾아내다
- 유목화하다, 차이를 구별하다, 발견하다
- 계산하다, 순서를 찾아 배열하다
- 추론하다, 윤곽을 그리다, 지적하다

5. 종합(Synthesizing)

- 새로운 아이디어를 찾는 것
- 정보를 합쳐서 새로운 산물로 만들어내는 것
- 새로운 방식으로 결과물을 개발하는 것
- 종합하다, 합치다, 공식화하다, 구체화하다
- 재생산하다, 설계하다, 체계화하다
- 개발하다, 가설을 설정하다, 일반화하다
- 논의하다, 구성하다, 구조물을 만들다

6. 평가(Evaluating)

- 지식이나 상황을 판단하는 능력
- 결정하는 능력
- 관점을 지지하는 능력
- 비판적으로 사고하는 능력
- 가치를 판단하는 능력
- 평가하다, 해석하다, 결정하다
- 문제를 해결하다, 감상하다, 비판하다
- 증명하다, 판단하다, 우선 순위를 결정하다
- 변호하다, 지지하다, 정당화하다
- 대조하다, 결론을 내리다, 재구조화하다

참고 : Bloom's Taxonomy. 〈Vanderbilt University Center for Teaching〉에서 재인용

2장. 청중을 사로잡는 강의는 기획부터 다르다

06

강의 내용을
논리적으로 전개하라

플로리다 주립대학교에 재직하셨던 드리스콜 교수의 학습심리학에 대한 저서에는 다음과 같은 스토리가 나온다. 나는 학습이론을 다루는 수업에서 학생들이 스키마의 개념을 이해하도록 돕기 위해 이 이야기를 활용했다. 우선 스토리를 보여주고, 학생들에게 존은 누구이며 어떤 상황에 대처하고 있는지 파악해보도록 유도했다.

"사업은 석유 위기 때문에 부진하였다. 실제로 아무도 더 우아한 것을 원하는 것 같지 않았다. 갑자기 출입문이 열리고 정장을 한 신사가 진열장에

112

자신만만 기적의 강의 비법

들어왔다. 존은 가장 다정하고 진실한 표정으로 그 신사에게 다가갔다."

학생들은 무언가를 파는 상점에서 일어나는 일이라는 것은 쉽게 알아냈다. 그러나 학생들은 무엇을 파는 상점인가는 잘 맞추지 못했다. 여학생들은 '우아한 것'이라는 표현 때문에 주로 보석이나 액세서리를 파는 상점이라고 답했다. 몇 번 정도 틀린 후에 정답에 도달한 남학생들이 가끔 있었다. 석유 위기와 관련된 산업의 유형을 잘 알고 있는 학생들도 쉽게 맞추지는 못했다.

위의 이야기는 자동차 딜러 가게에서 일어나는 일이다. 석유 위기에 제일 민감한 상품에 대한 이해가 있다면 자동차를 떠올릴 수 있다. 그러나 '우아한 것'에서 정말 자동차인가 혼돈이 온다. 우리는 자동차를 우아하다고 표현하는 것에 익숙하지 않기 때문이다. 여학생들 대부분이 보석이라고 대답한 이유를 물어보니 우아함이란 단어에는 보석을 두른 아름다운 여자의 이미지가 있다는 것이다.

만약 미국 학생들이라면 자동차를 파는 상점이란 것을 더 쉽게 맞출 수 있을지도 모른다. 미국에서 캐딜락이란 차는 과거의 명성 덕분에 우아하고 부티나는 차로 인식되어 있다고 한다. 실제로 1900년대 초의 캐딜락은 '영국 왕립 자동차클럽'으로부터 자동차의 노벨상이라 불리는 드와 트로피를 수상하기도 했다.

이렇듯 우리는 우리의 머리에 가지고 있는 지식이나 경험의 차이로 인해 어떤 상황에 대해 각기 다른 해석을 하게 된다. 그 이유는 바로 우리의 머리는 스키마로 구성되어 있기 때문이다. 스키마는 사람의 기억에 저장하고 있는 지식구조를 일컫는다. 모든 종류의 학습이나 경험을 통해 형성된 우리 두뇌의 구조화된 지식의 총체라고도 말할 수 있다.

스키마는 지금은 사라진 예전의 도서관에 비치되어 있던 인덱스카드 상자에 비유될 수 있다. 스키마는 도서분류법에 따라 도서를 일목요연하게 잘 정리한 자료들의 집합체와 비슷하다. 새로운 책들이 들어오면 어떤 카드 다음에 그 책의 카드가 들어가야 하는지 잘 알 수 있다. 왜냐하면 매우 체계적으로 분류하여 정리되어 있기 때문이다.

우리의 스키마는 추상적인 형태로 존재한다. 스키마를 연구하는 학자들에 따르면 그물망이나 구조화된 도식과 같은 모양을 가지고 있다고 한다. 우리 머릿속의 지식과 정보가 서로 잘 연결된 방식으로 형성되어 있거나 구조적으로 잘 정리된 조직도와 같은 모양으로 저장되어 있다는 것이다. 우리는 사람들과 일상적인 대화를 할 때 조리 없이 중언부언하는 사람의 얘기를 오래 듣고 있기 힘들다는 것을 경험적으로 알고 있다. 이유는 우리 머리가 스키마의 특징을 가지고 있어서 논리적으로 정리된 지식과 정보를 더 쉽게 받아들이기 때문이다.

강의의 경우도 마찬가지다. 강의는 일정 시간 동안 특정 주제로 구성된 내용을 전달하는 형태를 지니고 있다. 강의 내용은 철저하게 논리성에 기반을 두고 전개되어야 한다. 우리 머리는 절대적으로 논리적인 것을 좋아하기 때문이다. 중언부언하는 대화에도 쉽게 지치는 우리 머리는 논리성이 떨어지는 내용을 잘 소화할 수가 없다.

처음 기획 단계부터 내용을 구조적으로 조직해야 한다. 강의 내용의 가장 큰 주제와 소주제의 전체적인 구조를 체계적으로 구성할 필요가 있다. 각 내용의 중요도를 분석해서 우선순위를 도출하는 것도 필요하다. 묶을 것을 묶고 버릴 것을 과감히 버려 의미 있는 방식으로 지식 체계를 정리할 필요가 있다.

서울시에서 지원하는 한 창업보육센터에서 열린 강의에 참석한 적이 있다. 제목은 '설득하는 글쓰기'였고 강사는 나름 업계에서 뜨고 있는 한 유명한 인터넷 신문사의 대표였다. 50명 정원을 넘어 60명 정도가 참석한 것으로 보아 '글쓰기'에 대한 수요가 많다는 것을 알아차릴 수 있었다. 사람들은 노트북과 필기도구를 들고 사소한 정보라도 놓치지 않겠다는 열정으로 앉아 있었다.

어떤 내용으로 구성되어 있나 궁금하여 배포된 강의 자료를 미리 검토해보다가 나는 깜짝 놀랐다. 강의 자료만 보아서는 무슨 내용인지 감을 잡을 수 없었기 때문이다. 내용의 전체적인 구조가 이상했다. 강의 자료의 구성에서 논리성이 떨어지면 강의는 들으나 마나 한 것이었다. 이것은 오랜 나의 경험에서 나온 판단이었다.

강의가 시작된 지 5분도 지나지 않아 나의 판단이 맞았다는것을 확인할

115

수 있었다. 강사는 군인처럼 강의장을 오가며 딱딱하고 오만한 목소리로 청중을 압도하기 시작했다. 중언부언하는 내용에선 어떤 전문성도 찾아볼 수 없었다. 나는 참석한 청중에게 연민의 정까지 느꼈다. 사람들이 투자한 시간이 너무 아까웠기 때문이다.

역시나 10분 정도가 지나자 사람들이 하나둘씩 강의장을 나가기 시작했다. 70대에 가까운 노신사는 진행요원에게 "이 강의의 주제가 무엇입니까? 어떻게 이런 강의를 하나요?"라고 안타까운 질문을 하셨다. 1시간 정도 진행된 이 강의는 5명의 청중만을 남기고 마무리되었다. 대다수의 청중이 강의 도중 자리를 뜨는 광경을 목격한 것은 처음이었다. 강사는 사람의 머리가 스키마의 특징을 가지고 있다는 사실을 알았어야 했다.

논리적으로 강의 자료를 구성하려면 몇 가지 요령이 필요하다. 우선 강의 자료는 필요한 내용의 슬라이드로만 구성해야 한다. 핵심 내용에서 벗어나는 슬라이드는 과감히 삭제할 필요가 있다. 내가 아는 어떤 강사는 1시간 강의를 하는 데 70페이지가 넘는 자료를 준비한다. 빠르게 전개한다 해도 자료의 내용이 너무 많다. 이렇게 많은 내용을 다루는 강의는 몇 장의 자료로 구체적인 예를 들어 설명한 강의보다 절대 좋을 수 없다.

어떤 강사는 적당한 양의 슬라이드로 구성된 강의 자료를 만들었다. 그런데 중간중간 설명하지 않는 슬라이드가 있다. 상황에 따라 내용을 건너뛰면서 강의를 하려고 안전하게 준비한 것이었다. 이런 자료도 청중의 논리적인 스키마를 만족시킬 수 없다. 불필요한 내용 때문에 청중이 내용을 효과적으로 이해하는 것을 방해한다. 강의 자료는 중요한 내용으로만 구성해야 한다. 우리 머리가 스키마의 특징을 가지고 있기 때문이다.

보통의 경우에 한 장의 슬라이드에는 한 가지의 아이디어가 담기는 것이 좋다. 하나의 아이디어를 중심으로 내용을 간결하게 설명해야 한다. 핵심 아이디어를 설명하면서 내용을 지지하는 부연설명이나 예시 등을 함께 제시하는 것이 좋다. 내용을 더 정교하게 지지하기 위해서이다. 여러 가지 아이디어를 한 장의 슬라이드에 담는 것은 가능하면 피하도록 한다.

청중의 이해도를 높이기 위해 다양한 방식으로 논리적인 전개 방식을 활용할 필요가 있다. 서론에서 문제가 제기되었으면 본론에서 뒷받침하고 결론에서 해결책이나 대안을 제시한다. 서로 다른 키워드의 내용을 평행하게 제시하는 내용이면 항목별 관련성을 고려하여 배열한다. 원인을 얘기했으면 결과를 제시해주어야 한다. 결과 먼저 말했다면 그 결과를 도출하는 근거를 제공해주어야 한다.

비교할 것을 비교하여 내용의 이해도를 높여야 한다. 과정을 알려주는 내용은 단계별 구성을 해야 한다. 절차를 설명하는 내용은 순서를 명확하게 설정하여 적용할 수 있도록 보여주어야 한다. 내용의 전체적인 구조를 보여주는 것이 필요할 때는 개념도나 다이어그램과 같은 도구를 활용하는 것도 필요하다.

07

콘텐츠를 풍부하게 만드는
다양한 비법

강의 콘텐츠를 확보하기 위해 다양한 자료를 검색하고 검토하는 일은 필수다. 학교 교육기관에서 이루어지는 강의처럼 교과서나 교재가 있더라도 강사는 유용한 자료를 편집하여 강의 콘텐츠에 담아야 한다. 언어적 설명을 보완하고 강의 내용을 풍부하게 만드는 좋은 자료가 많기 때문이다. 이러한 자료들을 찾기 위해 다양한 통로를 통해 양질의 데이터를 내 컴퓨터로 옮길 필요가 있다.

나는 새로운 주제의 강의나 특강을 맡으면 우선 논문 자료를 탐색하는 편이다. 논문을 통해 주제 영역의 이론적 배경과 주요 관련 개념을 비교적 정확히 파악할 수 있다. 이론에서 나온 개념이나 내용은 다음과 같은 면에서 활용하기 편하다. 연구한 학자의 이름과 발표한 연도를 명시한 후 쉽게 인용할 수 있으며, 연구 논문에서 나온 개념이나 아이디어는 다른 정보보다 신뢰감을 줄 수 있다. 또한 연구를 통해 뒷받침하는 근거들이 있다.

논문을 통해 강의하고자 하는 주제의 최근 연구 트렌드를 확인하고, 다양한 방법으로 도출된 연구 결과도 파악할 수 있다. 몇 가지 일관성 있는 연구 결과를 정리하여 가공된 자료로 적절하게 활용할 수 있다. 반대로 대조적인 연구 결과를 이용하여 내용을 강조할 수 있다. 연구 대상자별로 묶거나 다른 유용한 항목을 도출하여 비교 자료로 제공해줄 수 있다.

나는 '자기효능감'이란 주제를 강의할 때 학생들에게 동기 부여를 하고자 관련 연구 결과를 사용한 적이 있다. 자기효능감은 우리 삶의 다양한 방면에 영향을 미치는 것으로 알려져 있다. 나는 학생들이 관심 있을 만한 분야만 선별하여 새로운 항목을 만들었다. 예를 들면, '자기효능감이 학습 능력에 미치는 영향'이나 '자기효능감이 인간관계와 자기 조절에 미치는 영향' 등과 같은 것이었다. 연구 결과를 정리하여 표로 제공하니 저절로 자기효능감의 중요성이 강조되었다.

논문 자료가 익숙하지 않다면 목적에 맞게 읽어도 괜찮을 것이다. 주요 개념이나 이론이 궁금하다면 서론과 이론적 배경만 읽어도 이해할 수 있다. 결과를 활용하고 싶다면 연구 결과와 논의 부분만 정리해도 무방하다. 연구 방법에 대한 전문적 지식이 없어도 상관없다. 필요한 내용만 핵심적으로 파악하여 나만의 자료로 가공하면 된다.

내가 원하는 주제에 대해 다양한 이론과 개념을 정리하여 잘 구조화한 책이 있다면 정말 활용 가치가 높다. 많은 자료를 찾는 수고를 하지 않아도 한두 권의 책으로 지적인 호기심을 채울 수 있으니 말이다. 그러나 내 입맛에 맞는 책이 내가 원하는 시기에 없을 수도 있다. 어떤 책은 충분히 학술적이지만 복잡하게 구성되어 있고, 어떤 책은 읽기는 쉽지만 내용이 부실하여 자료로서의 이용가치가 떨어지기도 한다.

내가 팀워크란 주제로 강의 준비를 할 때 정말 도움을 받았던 책이 있었다. 내용의 구성이 포괄적이면서 어려운 용어가 없어 읽기 편했다. 특히 내 마음에 드는 유익한 내용이 포함되어 있었다. 팀원의 각기 다른 역할을 소개하는 부분이었다. 팀원의 역할에는 다음과 같은 다양한 역할이 포함된다. 팀원들은 각각 한 가지 역할을 맡아야 한다.

• 리더 • 촉진자 • 중재자 • 관리자 • 기록자 • 반대자

예를 들어 리더는 팀원의 약점과 강점을 파악하여 역할을 분담한다. 리더는 팀의 결과물이 효과적으로 산출되도록 모든 일정과 진행 과정을 조율하고 중요한 의사결정을 수행하는 책임을 진다. 반면, 반대자는 팀 과정이 일방적으로 진행되거나 일률적으로 마무리되는 것을 감시한다. 공통된 의견에

문제점이 있는지 예의 주시하고 다른 의견을 찾아낸다.

팀원의 역할이 명확하여 학생들이 개념을 이해하면 팀 과정을 개선하는데 매우 도움이 될 것을 알았다. 특히 무임승차하는 학생들이 없어져 팀의 만족도를 높일 수 있을 것 같았다. 나는 이 내용을 보강하여 각 역할을 구체화하는 수행 목록표를 만들어 제공했다. 학생들이 자신의 역할을 정확하게 수행할 수 있도록 유도하기 위함이었다. 효과는 성공적이었다. 학생들의 팀 과정이 획기적으로 좋아졌다.

우리가 강의에 활용할 수 있는 동영상 자료는 이제 넘쳐난다. 시간이 날 때마다 찾고 선별하는 일이 필요할 뿐이다. 영화나 다큐멘터리 또는 유튜브의 짧은 동영상까지 종류도 다양하다. 그 중에서 내가 가장 즐겨 보는 자료는 다큐멘터리이다. 유익한 지식이나 정보를 책이 아닌 그림으로 보는 느낌이 들 정도다. 그만큼 우수한 자료들이 많다.

강의하는 사람은 가능한 많은 것에 호기심을 갖는 것이 중요하다. 나는 세계 곳곳의 각기 다른 문화와 인간의 심리에 관련된 영상을 자주 보는 편이다. 가끔은 역사에 관한 것도 재미있게 시청한다. 강사는 다양한 주제에 대해 지적 호기심을 가지고 탐구할 필요가 있다. 모든 영역의 중심에 사람이 있기 때문이다. 사람의 여러 가지 측면을 이해할 수 있게 도와주는 모든 주제에 관심을 가지고 다양한 동영상을 챙겨 보는 것을 추천한다.

깊게 연구한 전문적인 지식은 아니지만, 영상을 통해 스쳐가듯 획득한 정

121

보는 어떻게든 강의에 써먹는 날이 온다. 강의 주제와 관련하여 전체 프로그램을 보조 자료로 활용하게 되기도 한다. 또는 부연설명이나 예로 반짝 떠올라 재미있는 에피소드로 사용하게 되기도 한다. 이를 위해 시간이 나는 대로 양질의 다큐멘터리를 많이 봐두는 것은 좋다고 생각한다.

나의 전공 주제에 한정된 내용만으로는 강의를 풍부하게 만들지 못할 수 있다. 인간의 다양한 특성에 대한 깊은 이해를 기반으로 풍부한 강의를 진행할 수 있다. 주제와 주요 내용을 정리한 리스트를 만들어 활용하면 더 좋을 것이다. 내 리스트에는 다음과 같은 항목들이 포함된다.

•학습동기 •공부법 •창의력 •인간심리 •동서양문화 •교수법

학생들이 직접 해볼 수 있는 실습과제를 제공하면서 강의를 진행하는 것도 학생들의 경험을 풍부하게 만들어준다. 학생들이 참여하면서 사고 과정을 훈련하기 때문에 입체적인 학습 경험을 끌어낼 수 있다. 이를 위해 몇 가지 핵심적인 교수법이나 학습법에 대한 이해가 필요할 수 있다. 관련 도서나 강의를 찾아 필요한 내용을 지속적으로 공부하기를 추천한다.

가장 쉽게 개발할 수 있는 실습 과제는 강의 내용을 정리해보는 활동이다. 나는 행동주의, 인지주의 그리고 구성주의를 포함하는 학습이론을 다루고 나서 세 이론의 특징을 정리한 비교표를 나눠준다. 내용을 다 채우지 않고 중요한 부분을 비워둔다. 학생들이 강의 자료를 읽으면서 정리하도록 유도하

기 위함이다. 이러한 활동은 학생들에게 핵심 내용을 파악하면서 복습하는 것과 같은 효과를 제공한다.

사례 연구라는 경험적인 방법도 있다. 강사는 사례를 준비해야 한다는 부담이 있지만, 학생들에게 구체적인 경험을 제공해준다. 예를 들어 학습이론이라는 대주제로 들어가기 전에 행동주의, 인지주의, 구성주의의 각 이론의 특성을 반영한 수업의 사례를 동영상으로 보여준다. 나는 학생들에게 각 사례의 차이점과 효과에 대해 비교 분석하도록 고무한다.

실제 사례를 활용하여 연구한 학생들은 강의 내용에 호기심을 보인다. 이론으로 배울 때는 그냥 지식이었는데 적용된 사례를 통해 구체적인 경험으로 다가왔기 때문이다. 수업을 진행하는 방식이 이론으로부터 도출된 전략을 통해 구현된다는 것을 확인하면서 이론 수업에 대해 동기 부여를 받기도 한다. 학생들은 효과적인 수업을 위해 모든 이론의 특성이 적절하게 반영된 다양한 강의 전략이 필요하다는 것을 자연스럽게 깨닫는다.

나는 '효과적인 프리젠테이션 기법'이란 강의에서 '서류함 기법'이라는 방법을 활용한 적이 있다. 종이 카드에 학생들이 수행해야 할 목적적인 행동을 기술하여 상자에 넣는다. 예를 들면, '웃는 얼굴로 발표 내용을 말하라.', '청중과 시선을 마주하고 발표하라.', '힘 있고 명확한 발음으로 발표하라.', '극적으로 멈춰서 강조할 점을 강조하라.' 등의 지시문을 카드에 적는다. 학생들에게 상자 안의 카드를 꺼내보게 한다. 학생들은 카드에 지시된 명령대로 발표 연습을 한다.

처음 연습할 때 학생들은 생각보다 쉽지 않다는 것을 알게 된다. 동료들 앞에서 직접 해보는 것이 쑥스럽거나 어색할 수 있다. 나는 같은 팀원들끼리 도움을 주고받으면서 연습할 수 있도록 독려한다. 그다음 지원자를 선정해 전체 학생들 앞에서 발표해보도록 고무한다. 직접 훈련하는 경험을 제공하기 때문에 학생들은 열심히 참여한다.

| 사례 연구와 서류함 기법의 특징과 장단점

1. 사례 연구

특 징
- 사례를 수집하여 비교 분석하면서 해결 방안을 모색하는 방법
- 특정 사례로부터 일반적인 원리를 찾아내는 기법
- 실제 발생한 사례를 활용하기도 하고 사례를 고안하기도 한다.

장 점
- 청중이나 학생들의 분석 능력을 개발할 수 있다.
- 청중이나 학생들의 토론 능력과 응용 능력을 개발할 수 있다.
- 실제 사례 연구를 통해 주제에 대한 포괄적인 시각을 기를 수 있다.

단 점
- 강사가 사례 준비에 시간을 들여야 한다.
- 시간이 많이 드는 학습법이다.
- 청중의 준비된 능력에 따라 학습 효과가 제한될 수 있다.

2. 서류함 기법

특 징
- 수행해야 할 목적적인 행동을 용지에 적어 바구니나 상자에 넣고 청중이 꺼내 지시 사항을 실천하면서 훈련하는 방법
- 가상의 요구에 따라 특정 기술이나 목표 행동을 개발하려는 훈련 기법

장 점
- 청중의 흥미를 유발할 수 있다.
- 청중이나 학생들의 적극적인 참여를 유도할 수 있다.
- 쉬운 업무에서부터 어려운 업무까지 다양하게 활용할 수 있다.

| 단 점 | • 강사가 준비하는 데 비용과 시간이 든다. |
| | • 청중이 소극적일 때 효과가 제한될 수 있다. |

출처: 「21세기 교육방법 및 교육공학」, 이화여자대학교 교육공학과(2007)

| 교육학술정보원 등 자료원

1. 논문 자료 및 보고서 자료 열람

- RISS(한국교육학술연구원)　　　http://www.riss.kr
- KISS(학술정보 연구 서비스)　　http://kiss.kstudy.com
- 구글 학술(스칼라)　　　　　　https://scholar.google.co.kr
- DBPIA　　　　　　　　　　http://www.dbpia.co.kr
- 국회전자도서관　　　　　　　https://www.nanet.go.kr

2. 대학 및 공공기관에서 제공하는 무료 온라인 강의

- KOCW　　　http://www.kocw.net
- K-MOOC　　http://www.kmooc.kr
- GSEEK(경기도 온라인 평생학습 서비스)　https://www.gseek.kr

3. 기타 기관에서 제공하는 온라인 강의 및 교육 프로그램

- 멀티캠퍼스   http://www.multicampus.com
- 한국이러닝센터   http://www.credu.co.kr
- 휴넷 평생교육원   https://edubank.hunet.co.kr
- 한국HRD평생교육원   https://www.koreahrd.org

4. 다큐멘터리 동영상

- EBS   EBS 다큐멘터리 / 다큐프라임
- MBC   MBC 스페셜(종영) / 다큐프라임
- KBS   다큐멘터리 3일
- SBS   일요특선 다큐멘터리

5. 강의 자료 준비 도움 사이트 및 어플리케이션

- 에버노트(메모, 스케줄 관리)
- 리멤버(명함관리)
- 싸이메라(이미지 편집)
- 픽사베이(무료 이미지)
- 예스폼(PPT 템플릿)

3

지식과 경험으로
부족한 콘텐츠
채우는 기술

01

스토리로 푸는
콘텐츠 설득의 비밀

언젠가 좋아하는 가수의 신곡이 발표되어 유튜브에서 동영상을 찾아보았다. 스토리는 이러했다. 한 소녀가 한 소년을 짝사랑하며 가슴을 앓는다. 소녀에겐 소년의 모든 모습과 행동이 눈에 밟힌다. 소녀는 어느 날 소년과 친해지게 된다. 이곳저곳을 함께 다니며 행복한 추억을 쌓는다. 소녀와 소년의 사랑이 커지는 과정이 너무 풋풋하고 싱그럽다. 소녀는 진정으로 행복해 보인다. 뮤직비디오는 이렇게 행복한 스토리로 끝날 것 같았다.

그런데 갑자기 소녀의 표정이 어두워지며 슬픈 얼굴이 된다. 다음 장면에서 소년은 새로운 여자 친구와 함께 서 있다. 소년의 변심으로 소녀는 상처를 받은 것일까? 소년이 변심했나 보다 생각하는 순간, 소년과 소녀 그리고 여자 친구도 함께 서 있다. 소녀는 처음부터 소년의 여자 친구가 아니었다. 소녀는 소년과 여자 친구를 따라다니며 애절한 짝사랑을 한 것이다. 이런 반전 스토리가 노래와 함께 전달되니 노래의 감성이 너무 잘 이해되었던 기억이 난다.

이렇듯 스토리는 청중의 주의를 끌어당기며 심지어 주인공의 심정으로 감정이입을 시키는 힘을 가지고 있다. 전통적으로 스토리는 인물과 배경, 사건이라는 3가지 요소로 구성된다. 주인공이 등장하며 주인공을 둘러싼 사건이 발생한다. 주인공과 사건의 구체적인 상황을 설명해주는 배경이 등장한다. 스토리의 과정에서 주인공은 자신의 어려움을 극복하고 문제를 해결하며 성장한다.

우리가 가진 경험적 지식은 특정 사회 문화적인 환경에서 내가 주인공이되어 사건을 통해 습득했다는 특징이 있다. 우리의 머리 구조는 같은 종류의 지식 패턴을 좋아하기 때문에 스토리가 있을 때 이해가 더 잘 가고 공감도 쉽게 할 수 있다. 강의실에서 배우는 지식이나 이론은 한 번 들어선 잘 기억나지 않는다. 그러나 캠프에 가서 실제적인 환경에서 역할을 부여받고 과제를 수행하면서 배운 것은 잘 기억할 수 있다. 내가 주체가 되어서 과제를 수행했기 때문이다.

그렇다면 강의를 하면서 어떻게 스토리의 효과를 활용할 수 있을까? 모든 강의에 동화와 같은 스토리를 만들어서 진행할 수는 없으니, 스토리를 구성하는 3가지 요소를 활용하면 좋을 것 같다. 예를 들어, 청중에게 주인공의 역할과 사건을 제공하고 배경을 유추하도록 할 수 있다. 또는, 실제적인 과제를 제공하고 자신만의 사고 과정으로 완성하도록 고무할 수 있다. 청중에게 특정 역할을 주고 사건을 해결하라고 할 수도 있다.

　내가 미국에서 대학원에 재학하던 시절 드리스콜 교수님의 학습심리학 수업을 들을 때의 일이다. 학습심리학 과목은 이론 수업이라 영어로 수업을 듣기가 그리 쉽지 않았다. 교수님의 수업 방식이 그래도 나에게 아주 지루하지는 않았는데, 지금 생각해보면 스토리텔링 비슷한 방법을 사용하셨던 것 같다.

　교수님은 수업 초반에 학습 심리적으로 문제가 있는 학생의 사례를 먼저 스토리로 제시한 후 이론을 설명하셨다. 설명을 들으면서 그 학생의 문제가 무엇이고, 어떻게 문제를 해결할 수 있는지 이론적 근거를 찾도록 유도하기 위함이었다. 우리는 설명을 다 들은 후에 처음 제시된 스토리로 돌아가 문제의 해결 방안을 찾아야 했다.

　예를 들어 메리라는 초등학교 6학년 여학생이 있다. 메리는 수학 숙제를 나름대로 열심히 한다. 그런데 어떤 문제는 풀고, 어떤 문제는 풀지 않고 건너뛴다. 이유를 물으니 어려운 문제는 풀기 싫다는 것이다.

　문제를 읽어보았냐고 물으니, 아예 읽어보지도 않았다는 것이다. 그럼 어떻게 어렵다는 것을 아느냐고 물으니 지난번 시험에서 틀린 문제와 비슷하

133

3장. 지식과 경험으로 부족한 콘텐츠 채우는 기술

다고 말하는 것이다. 그래도 한번 풀어보지 않겠냐고 유도하자 메리는 심한 거부감을 보인다. 메리는 자신이 잘 풀 수 있는 문제만 풀겠다고 결심한 듯하다. 어려워 보이는 문제는 아예 학습하기를 포기한 것이다.

메리는 학습 동기 용어로 수행 목표 지향성을 가진 학생이다. 수행 목표란 다른 사람들에게 유능하게 보이려는 목표를 가지고 학습에 임하는 동기이다. 수행 목표 학습자의 가장 큰 관심은 타인에 의해 자신이 어떻게 평가되는지를 아는 것이다. 이런 학습자들의 특징은 자신이 무능하게 보이지 않으려고 무척 애쓰기 때문에 어려운 과제를 선호하지 않는다는 것이다. 어려운 과제는 자신을 무능하게 보이게 할 위험이 너무 많기 때문이다.

수행 목표 학습자는 자신이 능숙하게 수행할 수 있는 학습과제를 선택하기 때문에 뭔가 배울 수 있는 도전적인 과제를 피하게 된다. 이들의 문제점은 타인에 의한 평가가 중요한 선택 기준이라는 것이다. 이들은 뭔가 배울 기회를 중요하게 생각하지 않는다. 지금 당장은 잘할 수 없어도 학습을 통해 능숙해지는 경험을 포기하는 것이다.

반대의 개념으로 학습 목표 지향성이 있다. 학습 목표는 지식의 습득과 이해를 증진시키려는 목표로 학습에 임하는 동기이다. 학습 목표 지향성의 학습자는 학습과제를 능숙하게 하는 데 집중하는 특징을 가지고 있다. 지금은 잘하지 못해도 꾸준히 학습에 임하면서 자신의 능력을 향상하기 원한다. 이들은 잘하게 될 때까지 포기하지 않고 열심히 한다.

이런 학습자들은 어렵고 도전적인 과제를 좋아한다. 이들의 목표는 배우는 것 자체를 즐기는 것이다. 이들에겐 지금 당장 무능해 보이는 것은 중요하지 않다. 계속 열심히 하다 보면 잘할 수 있게 된다는 것을 알고 있다. 학습목표 학생들은 오히려 지금 잘할 수 있는 과제를 반복하는 것을 싫어하는 특징을 보인다. 그런 과제를 통해서는 배우는 것이 없기 때문이다.

이렇게 메리의 스토리를 통해 학습 목표와 수행 목표의 개념을 다루면 내용을 구체적으로 이해할 수 있기 때문에 훨씬 재미를 느낄 수 있다. 실제로 메리의 문제는 많은 학생이 경험하는 것이다. 교수님은 메리를 위한 해결책을 논의에 부치셨다. 우리 학생들은 학습 목표의 개념을 활용한 다양한 방법을 제시하면서 열띤 토론을 벌였다. 무슨 내용이 해결책으로 채택되었는지는 확실히 기억나지 않지만 지금도 그때의 수업 분위기와 열기가 떠오르는 것은 스토리의 힘 덕분일 것이다.

공과대학 학생들을 대상으로 '학습이론 학습 전략'이란 과목을 강의한 적이 있다. 강좌의 목표는 학생들이 학습 전략과 기술을 탐색하며 그 활용 능력을 배양하도록 돕는 것이었다. 나는 학습과 관련된 다양한 이론을 소개하며 각 이론에서 도출된 학습 전략을 제시하고 학습 활동을 통해 적용해보는 방식으로 진행했다.

특히 학생들의 응용 능력을 배양하기 위해 기말과제를 스토리로 구성했다. 학생들은 2주 차에 기말과제를 안내받고 매주 배운 학습 전략을 어떻게 기말과제에 적용할지 고민하면서 과정적으로 완성해나갔다. 내가 제공한 기말과제 스토리는 다음과 같다. 학생의 역할과 과제와 배경을 다 활용한 스토리였다.

"여러분은 학습 컨설팅 기관의 교사입니다. 본 기관은 우리나라 학생들의 다양한 학습상의 문제점을 분석하여 해결할 수 있도록 도와주는 역할을 하기 위해 정부에서 인증한 기관입니다. 본 기관의 주요 업무는 학습문제를 해결할 수 있는 관련 교재를 제작하여 교육 프로그램을 운영하고 학생들이 필요로 하는 경우 개별 또는 그룹별 컨설팅을 제공하는 것입니다. 겨울방학 동안 여러분에게 주어진 업무는 우리나라 특정 학생들의 학습 문제점을 정의하고 그 문제를 해결할 수 있도록 효과적인 학생용 교재를 제작하는 것입니다."

학생들은 이 과제를 해결하기 위해 매 주차 배운 전략을 어떻게 교육 프로그램으로 적용해야 할지 고민해야 했다. 실제로 자기 주변의 친척이나, 친구들 또는 자기 자신이 가지고 있는 학습 과정의 문제 사례를 찾아야 했다. 학습문제의 원인이 무엇인지 이론을 통해 탐색해보고, 적합한 전략을 해결책으로 끌어내야 했다. 이러한 과정을 통해 학생들은 다양한 전략을 활용해 학습상의 문제나 어려움을 해결하는 방법을 경험적으로 터득했다.

성찰 일기를 통해 확인한 결과 학생들은 구체적인 역할을 맡게 되어 매우 흥미롭게 과제를 진행해나갈 수 있었다고 했다. 실제로 컨설팅 기관의 컨설턴트가 된 기분이 들었다고 말하는 학생도 있었다. 주어진 업무를 완성하기 위해 수업 내용을 활용하는 부분이 좋았다고 했다. 과제를 완성하기 위해 배운 내용을 응용하는 능력을 키울 수 있었다고 보고했다.

이렇듯 스토리의 구성 요소를 활용하여 청중에게 역할과 풀어야 할 과제를 제시하면 효과적이다. 청중에게 역할을 부여할 때 청중은 자신이 주인공이라고 느낀다. 청중이 해결해야 할 과제가 있을 때 청중은 자신의 역할에 몰입하게 된다. 주인공이 어려운 사건을 처리해나가며 성장하듯이 청중은 과제를 풀기 위해 노력하면서 다양한 능력을 키우게 된다. 결국 스토리는 주인공의 성장으로 마무리된다.

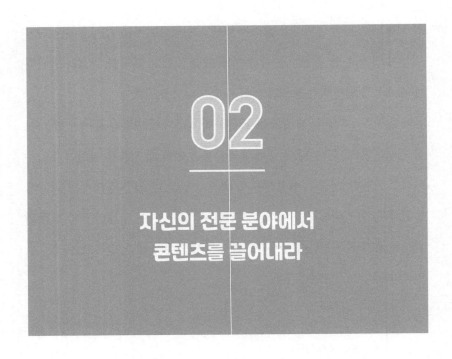

02

자신의 전문 분야에서
콘텐츠를 끌어내라

  '학습이론 학습 전략' 교과목에서 학생들이 교재를 개발하는 기말과제에 사용하는 주요 콘텐츠를 살펴보면 재미있는 특징을 발견할 수 있다. 학생들은 자신의 전공 분야와 관련된 내용을 선택한다. 전공학과에 가기 위해 중·고등학교 시절 잘했던 교과목에서 내용을 고르는 학생들도 있다. 일반적으로 사람들은 자신이 잘 아는 내용 영역에 자신이 있기 마련이다.

  공과대학 학생들이 주로 선택하는 주제는 수학이나 과학 과목에 포함된 내용이다. 가끔 영어 과목을 주제로 선정하는 학생들이 있다. 이런 학생들은 영어 연수를 다녀온 경험이 있거나 영어를 잘하는 학생들인 경우가 대부분이다. 청소년 진로 관련된 내용을 탐색하여 교재를 개발하는 학생들은 교회에서 주일학교 교사로 활동하기도 한다. 학습법이나 심리 분야에 관심을 보이는 학생들은 학과에서 멘토 활동을 하는 학생들이 많다.

강의를 기획할 때 강의할 내용은 자신의 전문 분야에서 찾는 것이 가장 좋다. 자신의 전문 분야란 대학이나, 관련 기관에서 전문적으로 공부한 분야를 말한다. 전문 영역에서 콘텐츠를 끌어내면 좋은 점은 관련 배경지식이 풍부할 확률이 높다는 것이다. 부족한 내용을 보완하거나 업데이트할 때도 새로 공부해야 하는 부분에 대해 쉽게 감을 잡을 수 있다. 기존 스키마가 존재하기 때문에 내용을 확장하는 일이 새로운 스키마를 만들어야 하는 사람보다 유리하다고 말할 수 있다.

나는 전국의 공과대학 교수들을 대상으로 PBL 세미나를 여러 번 진행했다. 대학 교육 담당자들이 나를 섭외한 이유는 공과대학의 사례로 문제를 개발해 학술대회에서 관련 논문을 발표했기 때문이었다. 나는 PBL이란 주제로 박사학위를 받지는 않았지만, 교수법에 관련된 지식 틀이 있었기에 어렵지 않게 연구하여 공과대학 교수들을 위한 내용을 만들 수 있었다. 이렇듯 자신이 어떤 분야에 전문적인 지식구조가 있다는 것은 관련 주제로 강의할 수 있다는 좋은 보증이 될 수 있다.

자신의 전문 분야가 될 수 있는 다른 영역은 오랫동안 관심을 가지고 연구한 분야이다. 나의 박사학위 논문은 '자기 조절 학습 능력'에 관한 것으로 이

139

———

3장. 지식과 경험으로 부족한 콘텐츠 채우는 기술

주제가 일정 기간 나의 주요 연구 분야였다. 연구를 해왔다는 것은 그 주제에 대해 깊이 있는 내용이 축적되어 있다는 뜻이다. 연구 주제와 관련된 내용은 교육 프로그램으로 개발하는 것이 가능하다. 짧게는 1회에서 길게는 8회 또는 그 이상의 프로그램을 만들어 강의를 진행할 수 있다는 뜻이다.

예를 들어, 나는 교육공학이라는 전공 영역 이외에 내 연구 주제와 관련하여 다양한 콘텐츠를 개발할 수 있었다. 학생들에게 다양한 학습 전략을 안내하고 적용해볼 수 있도록 고무하는 '학습 전략'이라는 교과목을 강의했다. 그리고 문제 해결 능력과 비판적 사고력 및 평생학습 능력 등의 역량 배양을 도와주는 교과목인 '소프트스킬' 과목을 강의하기도 했다.

몇 년 전 '그릿'에 대해 연구한 심리학자 더크워스 박사의 강연이 많은 조회 수를 기록하며 유명세를 떨쳤다. 그녀의 책 『그릿(Grit)』도 미국에서 베스트셀러가 되었고, 월스트리트저널과 포브스에 의해 2016년 최고의 책으로 선정되었다. 한국어로 번역된 『그릿』도 이미 100쇄가 넘은 것으로 알고 있다. 네이버지식백과는 "그릿은 성장, 회복력, 내재적 동기, 끈기의 앞글자를 따서 만든 단어로 미국의 심리학자인 앤젤라 더크워스가 개념화한 용어다."라고 설명한다.

사실 그릿의 하위 개념인 회복 탄력성은 미국의 심리학자 워너 박사가 개념화한 것으로 서울 소재 사립대학교 김 교수에 의해 국내에 소개되었다. 하와이 군도의 서북쪽에 있는 카우아이섬에서 태어난 201명 아이를 대상으로 한 연구였다. 연구는 열악한 환경에서 태어난 아이들의 태어날 때부터 30세까지의 성장 과정을 추적했다. 그 결과 어린 시절 나쁜 환경의 영향을 극복하고 건강하게 성장한 아이들은 공통으로 회복 탄력성을 가지고 있다는 것을 밝혀냈다.

나는 한 TV 프로그램을 통해 김 교수의 강의를 듣게 되었다. 그 후 관련 도서를 읽으며 회복 탄력성이란 개념을 구체적으로 알게 되었다. 나는 '자기 계발과 자기 관리'라는 강의에서 행복이라는 개념과 연결하여 설명하기도 했다. 더크워스 박사의 『그릿』이 나오기 전부터 '그릿'의 의미는 이 분야에 관심 있는 사람들에겐 낯설지 않은 개념이었다.

최근 '그릿' 하면 심리학자 더크워스 박사가 개념화한 용어로 인식되는 것은 그녀의 연구 성과 때문이다. 그녀는 긍정심리학의 창시자이자 최고 권위자인 셀리그먼 교수의 대학원생으로 '그릿'을 주제로 10년이 넘는 종단연구를 진행했다. 그 결과 많은 관련 논문을 학술 저널에 발표할 수 있었다. 이후 다양한 미국 언론에서 그녀의 연구를 조명하면서 유명해졌다. 일정 기간 한 주제의 연구를 진행하는 것은 자신만의 독보적인 전문성을 구축하기 위한 주요한 방법이 될 수 있다.

연구를 통해 전문성을 확보한 사례는 학자들 외에도 많다. 내가 아는 김 선생님은 어머니의 지인으로, 강원도에서 30년 넘게 약초와 약초를 활용하여 만드는 음식을 연구해 온 약초 전문가다. 당뇨병을 앓고 계신 어머니는 김 선생님 덕분에 음식 조절에 큰 도움을 받고 계신다. 김 선생님께 배운 약초 음식 레시피를 활용하여 건강하고 맛있는 음식을 손수 만들어 드신다.

3년 전 김 선생님은 지역방송의 정보 프로그램에 출연한 이후 약초 관련 전문가로 유명해지셨다. 덕분에 최근에는 약초 학교를 개설해 약초 전문가를 양성하는 일까지 하고 계신다. 김 선생님은 혼자 힘으로 오랜 시간 연구하셨지만, 그분의 연구 덕분에 학생들은 적은 시간을 투자해 약초 전문가나 약초 음식 전문가가 될 수 있게 된 것이다.

또 다른 예로 나의 중학교 시절 친구가 있다. 그녀는 대학에서 장래가 촉망되는 학생으로 주목을 받았지만, 대학을 졸업하자마자 결혼을 하게 되어 사회생활을 할 기회를 놓쳤다. 오랫동안 두 아들을 키우면서 그녀는 독서법을 연구해왔다. 아이들과 아이들의 친구들을 대상으로 무료로 강의를 진행하면서 자신만의 독서법을 실험하기도 했다.

아이들이 어느 정도 성장하자 논술회사의 교사로 취업하여 몇 년간 독서 프로그램에 대한 노하우를 배우기도 했다. 그녀는 5년 전 실제적인 경험과 지식을 집대성한 독서법 책을 출판하게 되었다. 지금은 독서법 전문가로 다양한 기관에서 강사로 활약하고 있다. 어떤 분야든 연구는 빠른 속도는 아니지만 전문가로 탄탄한 입지를 다질 수 있는 좋은 방법으로 활용될 수 있다.

실무 영역에 경험적 지식과 노하우를 가지고 있으면 자신의 전문 분야가 될 수 있다. 나는 대학이라는 영역에서 15년 이상 교과목 강의와 다양한 교수법 및 학습법 세미나를 진행해왔다. 교육공학이라는 학문을 전공하여 1시간 특강에서부터 3시간 세미나, 1일 워크샵 등 일정 기간 진행하는 교육 과정까지 어떻게 교육 프로그램을 설계하는지 알고 있다. 내가 이 책을 쓰는 이유는 나의 경험적 노하우를 통해 강의하는 다양한 영역의 사람들에게 도움이 되는 정보를 알려주고 싶기 때문이다.

요즘 서점에 가보면 누구나 작가가 될 수 있는 시대가 열렸다는 것을 실감한다. 책의 종류도 다양해졌지만, 자신만의 경험적 노하우를 담은 실용서들이 정말 많아졌다는 것을 알게 된다. 주제도 다양하여 자신의 직업적 경험과 삶의 지혜를 구체적인 방식으로 알려준다. 그야말로 작가 자신만이 경험한 의미 있는 정보와 지식을 담아 간접 경험에 대한 다양한 통로를 제공한다.

국제회의 사회자였던 저자가 10년 열심히 해도 잘되지 않는 영어를 위한 완벽한 공부법을 전수한다. 영업으로 정통파 영업인을 자처하는 저자가 1등이 되는 영업 비법을 공개한다. 소액으로 부동산 투자를 오랫동안 해서 쌓은 경험을 통해 부동산 투자 비법을 소개한다. 이러한 책들은 공통적으로 자신의 실무 경험을 통해 쌓은 지식을 전수한다는 특징이 있다.

한 영역에서 열심히 일하면서 능숙해진 기술과 노하우가 있다면 체계적으로 정리할 기회를 가져보는 것을 추천한다. 굳이 책을 출판하지 않더라도 자신만의 방식으로 콘텐츠를 개발해보는 것이 필요하다. 강의의 많은 부분을 구성하는 것이 바로 내용이기 때문이다. 본 내용을 보조하는 기타 다양한 자료는 실제 강의를 준비하면서 찾아도 되지만, 주요 내용의 골격과 세부

143

적인 핵심 내용은 본인이 직접 조직한 콘텐츠로 구성할 필요가 있다. 그리고 자신의 이름을 건 경험과 전문성을 당당히 내세우면 된다.

03

일상적인 소재로
콘텐츠에 맛을 더하라

강의의 주요 내용을 설명하면서 부연설명을 하기도 하고, 직접적인 예를 들기도 한다. 이는 청중의 이해도를 높여 강의에 몰입할 수 있도록 돕기 위함이다. 이론과 같은 딱딱한 내용을 강의할수록 예를 많이 들어야 한다. 청중은 예를 받아들이기 더 쉬워하고, 예를 단서로 주요 내용을 다시 기억해낼 수 있기 때문이다. 청중이 알아듣지 못하는 지식만 나열하는 강의를 하지 말아야 하는 이유이기도 하다.

이런 예 중에서 가장 효과적인 것은 강사의 일상적인 소재를 중심으로 나온 에피소드이다. 일상적인 소재란 평범한 생활 속에서 직접 경험하는 재료

145

이다. 강사 자신의 에피소드를 활용할 때 가장 생동감 있게 내용의 이해를 도울 수 있다. 강사의 직접경험에서 온 것이기 때문에 자신감을 가지고 전달할 수 있다. 강사의 자신감은 청중에게도 그대로 전달되어 청중의 신뢰와 공감을 얻을 수 있다. 일상적인 경험에서 나온 다양한 에피소드로 강의의 맛을 조절할 수 있다.

내가 처음으로 대학 강단에서 '교육 방법 교육공학'이란 과목을 강의했을 때 나는 미혼이었다. '교수학습이론' 부분에서 모든 교육 관련 학문의 기초가 되는 피아제와 비고츠키 이론을 다룬다. 이 이론들은 인간 발달의 관점에서 나온 것이기 때문에 영아와 유아 시기의 인간의 특징을 설명하는 부분이 많다.

그 당시는 이론의 특징을 내 경험을 예로 들어 구체적으로 설명하는 것이 매우 어려웠다. 아이를 낳아 키워본 경험이 없었기 때문이다. 한 아이가 태어나 성장하는 과정을 가까이서 지켜본 적도 없었다. 내가 직접 보고 들은 경험이 부족하니 그냥 지식만 전달했던 것 같다. 학생들은 풍부한 예가 없는 개념과 용어를 들으면서 얼마나 지루했을까? 지금 생각해보면 학생들에게 미안한 마음이 든다.

이후 결혼하고 아이를 낳아 키우면서 나는 피아제와 비고츠키 이론을 아이에게 실험하며 검증하기 시작했다. 이 과정을 통해 이론의 구체적인 특징을 이해할 수 있는 다양한 에피소드를 얻었다. 강의가 나의 개인적인 경험의 다양한 사례로 채워져 생기가 도니 나도 강의하는 것이 즐거웠다. 학생들이

자신만만 기적의 강의 비법

재미있어 한 것은 물론이다. 이론으로만 구성된 강의는 청중에게 고역이다. 강사는 이론의 이해를 도와주는 다양한 예를 찾기 위해 최선을 다할 필요가 있다.

피아제 이론은 아이들이 6세에서 12세에 해당하는 구체적 조작기라는 단계에서 보존개념을 획득한다고 말한다. 보존개념은 어떤 사물의 양이나 순서 등이 바뀌어도 그 물체의 속성은 유지한다는 것을 이해하는 능력이다. 실제로 전조작기에 해당하는 유아 시기의 아이들은 보존개념을 갖기 어렵다. 우리 아이도 마시던 음료수를 다른 컵에 담아주면 컵의 모양에 따라 싫어하거나 좋아하기도 했다. 컵에 담겨 있는 음료의 양이 변했다고 생각하기 때문이다.

이 시기에 친구들과 함께 만나 음료수를 시킬 때 모양이 다른 음료수를 시키면 정말 시끄러워져 아이들을 통제하기 어려워진다. 양이 똑같다고 말해도 소용이 없다. 아이들이 보존개념을 획득하지 않았기 때문이다. 보존개념에 대한 지식을 알고 있으면 대처법이 달라진다. 엄마들은 똑같은 크기의 컵에 담겨 있는 음료수를 주문해야 한다는 것을 터득한다.

전조작기인 유아 시기의 주요한 특징에 자기 중심성이란 것이 있다. 자기 중심성이란 타인의 관점에서 현상을 파악하지 못하고, 자신이 중심이 되어 모든 사건을 해석하는 성향이라고 말할 수 있다. 아이가 자기 중심성을 표현하면서 많이 하는 것 중 하나가 거짓말이다. 어른이 보면 거짓말이지만 아이

147

에게는 시간과 공간을 초월하여 자신의 현재 생각과 감정과 교류하는 자기 내의 활동이나 다름없다.

우리 아이는 이 시기에 텔레비전을 보다가 놀이동산이 나오면 "어제 놀이동산 갔어. 호랑이도 있고 사자도 있어."라며 몇 개월 전 다녀온 이야기를 했다. 또는 "나 오늘 놀이동산 가. 재미있는 거 많이 타고 싶어요."라고 말하며 자신의 바람을 오늘 일어날 일처럼 말하기도 했다. 어린이집에 다녀오면 백설 공주에 나오는 마귀 할머니를 만났다고 하거나 영화에서 본 주인공을 만났다고도 했다. 모든 것이 시공간을 초월해서 자신을 중심으로 일어나는 것처럼 느끼는 것이다.

비고츠키는 피아제의 단계적 발달이 설명하지 못하는 영역의 학습을 설명해준다. 특히 비고츠키 이론은 사회적 상호작용을 통해 인간 발달이 이루어진다는 가정하에 근접발달 영역이라는 개념을 제안한다. 비고츠키는 학습이 일어나는 것은 근접발달 영역을 개발하는 것이라고 본다. 근접발달 영역의 의미는 실제적 발달 수준과 잠재적 발달 수준 사이의 거리다.

실제적 발달 수준은 학습자가 스스로 문제를 해결할 수 있는 능력의 수준을 의미한다. 반면에 잠재적 발달 수준은 더 많은 경험을 갖춘 성인의 안내와 도움을 통해 문제를 해결할 수 있는 발달 가능한 수준을 일컫는다. 또는 능력 있는 또래들과의 협동을 통해 발달할 수 있는 능력의 수준을 말하기도 한다.

청중의 능력을 끌어내기 위해 과제를 개발할 때 근접발달 영역의 개념을 활용하는 것이 좋다. 도움을 받아 완수할 수 있는 능력의 영역에서 청중의 잠재적 발달 수준을 끌어낼 필요가 있다. 청중의 실제적 발달 수준을 고려하지 않은 과제를 제공하면 잠재적 발달 수준이 개발되기 어렵다. 이런 이유로 청중이 실제 자신의 힘으로 과제를 완성할 수 있는 수준을 파악하는 것이 중요하다.

유아 시기에 아이가 학습지를 시작했을 때 실제 할 수 있는 것이 무엇인지 파악하여 약간의 도움을 준 후 혼자 완성해보도록 유도하였다. 아이가 스스로 완성하면 매우 기뻐하면서 "내가 했지?"라고 자랑스러운 듯 확인하곤 했다. 도움을 받아 완성하면 스스로 했다는 성취감을 경험한다. 이것이 근접발달 영역의 과제가 가져다주는 가장 큰 장점일 것이다. 도움을 받아 자신이 완성하는 경험을 통해 학습에 대한 자신감이 높아지는 것이다.

청중의 실제적 수준을 고려한 적절한 영역의 과제를 개발하는 것과 마찬가지로 중요한 것이 비계 설정이다. 비계란 사전적 의미로 건축 현장에서 1층과 2층을 연결하는 발판을 뜻한다. 건축물의 완성을 위해 비계는 꼭 필요한 것이다. 그러나 비계의 특징은 건축물이 완성되기 전 철거된다는 것이다. 건축 초기에 설치했다가 필요가 없어지면 제거하는 것이다.

학습의 관점에서 비계는 청중이 발판으로 삼아야 할 어떤 것이다. 청중이 현재 혼자서 할 수 있는 수준에서 잠재적 발달 수준으로 올라가기 위해 활용해야 할 필수적인 도움과 안내 장치 같은 것이다. 근접발달 영역의 과제를

3장. 지식과 경험으로 부족한 콘텐츠 채우는 기술

개발할 때 적절하고 효과적인 비계를 설계하는 것이 중요하다. 비계는 필요한 모든 도움을 주는 것이나 전적으로 가르치는 역할이 아닌 안내자로 기능할 필요가 있다.

나는 학생들을 위한 과제를 개발할 때 근접발달 영역과 비계의 개념을 활용했다. 과제와 관련하여 학생들의 현재 수준을 명확히 파악하고 잠재적으로 개발 가능한 능력을 설정했다. 학생들에게 너무 쉬운 과제나 너무 어려워서 포기하고 싶은 과제가 아니라 과제를 통해 자신의 능력이 높아진다고 예측할 수 있는 과제를 선정하는 것이다. 이를 위해 강사는 학생들에게 필요한 도움과 안내가 무엇인지 정확히 파악하여 비계를 설계할 필요가 있다.

예를 들면 나는 학생들에게 기말과제와 함께 '기말과제 수행 안내서'를 제공한다. '기말과제 수행 안내서'에서 과제의 요구사항과 과제 수행 절차를 자세히 설명한다. 이런 안내서를 제공했을 때와 하지 않았을 때 학생들의 성취도와 만족도에는 큰 차이가 있다. 학생들은 과제 안내서를 통해 과제 요구에 대한 이해도를 높이고 과제 수행 방법을 더 잘 파악할 수 있었다고 보고했다.

04

자신의 독특한 경험은
훌륭한 콘텐츠가 된다

나는 최근에 이순희 작가의 『나는 동대문시장에서 장사의 모든 것을 배웠다』를 읽었다. 억대 빚을 안고 동대문 시장에서 장사를 시작해 스카프 매장의 대표로 성공한 이야기를 담고 있다. 여러 번의 위기에도 불구하고 장사로 성공하기까지의 노하우와 장사에 대한 마음가짐 등 장사의 모든 것을 알려주는 책이다. 특히, '스카프 장사의 신'이란 별명을 가질 수 있었던 그녀만의 도전정신과 위기 대처 방법은 누구도 흉내낼 수 없는 그녀만의 산물이다.

내가 가장 감명받은 부분은 성공한 뒤에도 도전을 멈추지 않고 배움의 길을 택했다는 것이다. 그녀는 초등학교 졸업 학력을 갈아치우기 위해 중학교와 고등학교 졸업 검정고시에 도전하여 합격한다. 이게 끝이 아니다. 그녀는 서울 소재 대학교에 당당히 진학한다. 그것도 모자라 동 대학원에 들어가 70대에 석사학위를 딴다. 70대에도 멈추지 않는 그녀의 도전은 모든 사람에게 모범이 되는 독특한 경험임이 틀림없다.

"나는 젊어서 돈을 벌었고 환갑 넘어 중·고등 검정고시를 패스하고 대학교를 거쳐 칠순에 대학원 석사학위까지 받았다. 나는 동대문 시장에서 35년 동안 장사를 하면서 최선의 노력으로 성공했다. 희로애락을 경험하며 인생의 모든 것을 배웠다. 거꾸로 살아온 인생, 엄청 힘들었다. 그러나 지나고 보니 이보다 더 보람 있고 가치 있는 일은 없었다. 너무나 즐거운 인생, 나는 참 행복하다……."

이 대목을 보면서 많은 사람이 이분의 인생을 들여다보고 싶어 할 것 같다는 생각이 든다.

독특한 경험은 소중하다. 많은 사람이 경험하는 일반적인 것이 아니라 주변에서 찾기 힘든 그 사람만의 개성 있는 삶에서 나온 것이기 때문이다. 이 작가와 같이 힘든 상황에 있던 사람들은 많을 것이다. 그러나 그녀는 기지를 발휘하여 장사를 성공적으로 이끌었을 뿐만 아니라 70대의 나이에 석사학위까지 취득했다.

이렇게 늦은 나이에 2마리의 토끼를 잡은 사람은 매우 드물 것이다. 우리는 그녀의 인생 여정만으로도 그녀가 단단하고 배움에 대한 열정이 크다는 것을 알 수 있다. 또한, 진정한 도전정신을 가지고 현재의 인생까지 주도적으로 이끌어왔다는 것을 인정할 수 있다. 이분의 인생에 대한 강의가 열린다면 많은 사람이 찾아갈 것이다.

'학습이론 학습 전략' 교과목에서 나는 학생들에게 자신만의 학습 전략이나 공부 비법에 대해 발표하는 시간을 준다. 지영이라는 여학생의 발표가 기억난다. 지영은 중학교 때까지 대학에 들어갈 수 있을지를 고민할 정도로 그다지 공부를 잘하는 학생이 아니었다. 고등학교에 진학한 후 지영은 우연히 반에서 1등 하는 아이와 친구가 되었고, '반에서 1등 하는 애는 뭐가 달라도 다를 거야. 한번 따라서 배워보자.'라는 기특한 생각을 하게 되었다.

지영은 친구의 모든 공부 방법을 따라 하기 시작했다. 실제로 친구에게는 많은 비법이 있었다. 교과서를 5번 정독한 후, 백지에 제목과 소제목만 적어두고 내용을 요약하면서 공부했고, 스스로 질문을 만들어 답하는 방식을 활용하기도 했다. 오답 노트를 작성하는 것은 기본이었다.

지영은 자신은 한 번도 생각해보지 못한 전략을 실천하는 친구가 신기했다. 그리고 이것을 기회라고 생각하고 친구의 공부 방법을 열심히 배웠다. 결국 지영은 3학년 때 반에서 상위권으로 졸업하며 대학에 진학했다고 한다. 지영은 이때의 경험을 활용하여 후배들을 위한 멘토로 활동하고 있다.

형석이라는 남학생의 예도 있다. 형석은 고등학교 3학년 때부터 학습 효

153

과를 높이기 위해 자신이 선생님이 되어 가르쳐보는 방식을 활용했다. 그는 선생님이 된 것처럼 거울 앞에서 강의하듯이 학습한 내용을 설명하면서 공부했다. 가르치는 방식은 학습 내용을 완전히 이해하도록 유도했다. 이해하지 못하면 잘 가르칠 수 없다는 것도 알게 되었다.

형석은 대학교에 들어오고 나서도 이러한 방법을 활용해 전공과목을 공부한다고 했다. 하면 할수록 배운 내용의 핵심을 파악하기가 쉬워졌고, 암기 능력도 많이 향상되었다는 것을 실감한다고 했다. 어느 날부터 그는 자신이 혼자 강의하는 모습을 동영상으로 찍게 되었고, 이 강의 동영상을 보관해둔 덕분에 학원 강사로 활동하는 기회를 갖게 되었다.

몇 년 전 우리 가족은 미국 남 캐롤라이나주에서 1년 동안 안식년을 보냈다. 우리 가족이 거주했던 곳은 '클렘슨'이라는 도시로 미식축구로 유명한 클렘슨대학교가 위치한 곳이었다. 조용한 대학 중심 마을로 제대로 미국의 시골 마을을 경험할 수 있었다. 지역에 있는 교회들이 외국 학생과 가족들을 위해 다양한 영어 관련 모임을 제공해주었다. 이런 기회를 통해 우리 가족은 지역 주민들과 자연스럽게 만나 교류할 수 있었다.

우리 가족은 한 교회 모임에 참석했다가 60대의 부부인 리처드와 캐롤린을 만났다. 그들은 교회에서 주관하는 외국인을 대상으로 하는 영어 말하기 모임에서 봉사하고 있었다. 어느 날 부부는 우리를 저녁 만찬에 초대했다. 한국인 가족이 오랜만이라 반가웠다는 것이다. 우리는 한국과 미국에 대해 여러 가지 담소를 나누며 시간을 보냈다. 그러다가 캐롤린의 독특한 경험에 대해 듣게 되었다.

캐롤린은 어린 시절과 초등 저학년 시기를 태국에서 보냈다. 부모님이 미국 출신의 백인이었지만 태국에서 선교사로 일을 하셨다. 부모님은 학교를 세워 아이들을 가르치며 복음을 전파했다. 캐롤린의 어머니는 간호사 출신으로 아픈 사람들을 돌보는 일을 하셨다. 캐롤린은 베트남 아이들과 어울리며 어린 시절을 보냈다.

집에는 캐롤린을 돌봐주시는 태국인 아주머니가 계셨다. 캐롤린은 아주머니를 좋아했다. 비슷한 또래의 아주머니의 딸과도 사이좋게 지냈다. 특히 캐롤린은 아주머니가 만드신 태국 음식이 너무 맛있었다고 회상했다. 캐롤린은 아직도 그녀의 음식 맛이 그립다고 했다. 캐롤린은 자신이 아시아와 아시아인을 좋아하는 이유가 아마도 자신의 어린 시절 경험 때문인 것 같다고 말했다.

캐롤린은 자신의 경험을 살려 교회에서 '아시아 사회 문화 연구 모임'의 강사로 활동한다. 아시아와 관련된 문화나 사회적 이슈 등에 관련된 내용을 매주 다른 주제로 돌아가며 다룬다. 매체에 개시된 기사를 주로 활용하지만 가끔은 주제에 따라 캐롤린이 조사한 자료를 제공해줄 때도 있다. 이를 위해 캐롤린은 인터넷을 많이 활용한다고 했다.

캐롤린이 주최하는 모임에는 아시아 문화와 아시아권에서의 선교에 관심 있는 교회 성도들이 참석한다. 영어 실력을 높이기 원하는 아시아계의 대학원생들이나 배우자들이 참석하기도 한다. 우리 가족도 리처드와 캐롤린 부부를 만난 후 이 모임에 자주 참석했다. 한국에 대한 주제를 다룰 때는 내가 나름대로 자료를 만들어 소개하기도 했다. 캐롤린이 고마워했던 모습이 기억난다.

　자신만의 독특한 경험은 훌륭한 콘텐츠가 될 수 있다. 독특한 경험이 가지는 신기성 때문이다. 독특한 경험을 갖고 싶다면 만들 수 있다고 말하고 싶다. 단지 도전정신과 자신만의 삶에 대한 진정성을 발휘할 수 있다면 말이다. 더구나 지금 어려운 환경에 처해 어찌할 바를 모르고 있다면 독특한 경험을 만들기 위한 기회가 왔다고 생각하라.

　환경에 어떻게 대처하는가에 따라 여러분의 스토리는 달라질 수 있다. 주어진 것을 기회로 만들기 위해 무엇을 해야 하는지 고민하면 지혜로운 방법이 생각날 수도 있다. 그것을 실행하여 나만의 경험을 만들라. 누구나 노력하면 많은 사람에게 전달할 수 있는 나만의 값진 경험을 만들 수 있다.

05

답은 스피치가 아닌
콘텐츠 구성 능력이다

최근 들어 강사로 활동하는 사람이 많이 늘어났고, 강의를 하고 싶어 하는 사람도 정말 많아졌다. 예전에 강의는 강단에 설 수 있는 직업군에 속하는 사람들의 전유물이었지만, 요즘은 강의할 수 있는 무대가 늘어나면서 자신만의 고유한 경험이나 노하우만 있으면 강의할 환경이 마련되었다. 그야말로 모든 국민이 강사가 될 수 있는 시대가 열린 것이다. 그러니 누구든지 강사 되기에 도전하길 추천한다.

그런데 강사가 되고 싶어 하는 사람들이 많이들 착각하는 것이 있다. '말을 잘해야 강사가 될 수 있다.'라는 생각이다. 이러한 생각으로 많은 사람이 스피치 학원으로 향한다. 스피치 학원은 근본적으로 말을 하는 것과 관련된 기능이나 기술을 훈련하는 곳이다. 스피치 학원의 교육 과정이 '발음 교정'이나 '기본 스피치' 또는 '목소리 훈련' 등을 주요 과목으로 구성하는 이유이다. 가르치는 사람도 주로 말을 매끄럽게 전달하는 훈련을 받은 아나운서 출신이 많다.

강의는 스피치가 아니다. 강의는 분명한 주제를 가지고 강사와 청중이 만나 공동의 목적을 이루어내는 과정이자 산물이다. '말을 잘하면 강의를 잘한다.' 혹은 '말을 잘하지 못하면 강의를 잘못할 것이다.'라는 가정은 일반적으로 맞지 않은 경우가 많다. 물론 강사가 말을 잘하는 사람이면 강의할 때 많은 도움이 된다. 그러나 뛰어난 언어 능력이 좋은 강의를 보장하는 것은 아니다. 강의는 콘텐츠의 산물이기 때문이다.

콘텐츠가 잘 구성되어 있어야 좋은 강의가 된다. 콘텐츠 구성 능력 없이 말 잘하는 능력으로 강의하는 시대는 아니라는 것이다. 콘텐츠 구성 능력이란 강사의 전문적인 관점으로 자료와 정보를 분석하여 자신만의 고유한 콘텐츠로 가공하는 능력이다. 여기서 중요한 것은 바로 분석과 가공이다. 강사가 청중을 위해 목적에 맞는 방식으로 내용을 분석하여 자신만의 전략으로 내용을 디자인하는 것이다.

그야말로 자료와 정보는 넘쳐나는 세상이 되었다. 원하기만 하면 어떠한 주제에 관한 것이든 인터넷을 통해 어렵지 않게 자료를 확보할 수 있다. 무료로 얻을 수 있는 것도 많지만 유료라고 할지라도 소정의 금액을 결제하면 양질의 자료를 내 컴퓨터에서 즉시 열람할 수 있다. 그러나 이렇게 확보한 지식이 즉시 내 콘텐츠가 되는 것은 아니다. 사실 그대로인 지식이나 가공되지 않은 정보에 아직 내 이름을 붙일 수 없다.

다른 사람의 이름을 달고 있는 지식과 정보는 그 목적과 활용에 따라 새롭게 재창조돼야 한다. 재창조 과정에 필요한 것이 바로 나만의 전문성을 가지고 나만의 방식으로 가공하는 것이다. 강사는 남의 지식이나 이론을 그저 전달하는 사람이 아니라 콘텐츠 크리에이터가 되어야 한다. 콘텐츠 크리에이터로서 강사가 되려면 콘텐츠 구성 능력을 갖추어야 한다.

콘텐츠를 구성한다는 것은 내용을 구조화한다는 것이다. 구조화한다는 것은 목적적인 방식으로 어떤 구조 속에 지식이나 정보를 배열하는 것을 의미한다. 내용을 구조화할 때 활용하는 몇 가지 틀이 있다. 일반적으로 가장 많이 사용하는 틀은 '서론 – 본론 – 결론' 구성이다. 서론에서는 강의 주제를 소개하고 강의 목적과 더불어 전반적인 내용을 간략하게 개괄한다. 본론에는 강의의 주요한 내용을 배치한다. 결론에서는 내용을 간략하게 요약하면서 인상 깊은 메시지로 마무리한다. 그런데 내용 구조화의 핵심은 본론을 어떻게 구성하는가에 달려 있다. 본론에서 주요한 내용을 다루기 때문이다. 본론을 구조화하는 몇 가지 방법을 소개하면 다음과 같다.

3장. 지식과 경험으로 부족한 콘텐츠 채우는 기술

1. 'what - why - how' 구성법

'what - why - how' 구성법은 'what', 'why', 'how'에 맞는 소주제로 내용을 선정하는 것이다. 'what' 부분에서 강의 내용과 관련된 주요 개념이나 용어를 다룬다. 어떤 개념이나 원리의 주요 구성 요소를 다룰 수도 있다. 'why' 부분은 왜 본 주제에 대해서 알아야 하는지 설명하는 내용으로 구성한다. 또는 주제와 관련된 내용을 모르면 일어나는 손실이나 손해로부터 내용을 도출할 수도 있다. 마지막으로 'how' 부분에서 어떻게 실천하는지에 대한 방법을 소개한다. 주제에 대한 실천력을 높여주는 구체적인 해결책을 제시할 수도 있다.

왜 긍정 심리인가? (What)	긍정 심리를 끌어오는 기술(Why)	긍정 심리 실천전략 (How)
• 긍정 심리의 필요성 • 긍정 심리의 효과 • 긍정 심리의 유형	• 감사하기 • 선행하기 • 회복 탄력성 실천하기	• 감사일기 작성법 • 선행 체크리스트 활용법 • 그릿 계획표 작성하기

내용 구성표의 주제는 '대학 생활에 필요한 긍정 심리의 기술'이다. 대학 생활을 하면서 가져야 할 긍정적인 심리를 고무하기 위해 개발된 특강이다. 'what' 부분은 '왜 긍정 심리인가?'라는 소주제로 긍정 심리의 필요성과 긍정 심리의 효과를 소개한다. 그다음 간략하게 긍정 심리의 유형을 설명한다.

'why'에서 '긍정 심리를 끌어오는 기술'이란 제목으로 감사하기와 선행하기를 다룬다. 그다음 회복 탄력성 실천하기 기술을 소개할 수 있다. '긍정 심리를 갖지 못하는 이유는 무엇인가? 이것을 모르기 때문이다.'라는 접근 방법으로 찾아낸 내용이다. 'how'는 '긍정 심리 실천 전략'이란 소주제로 감사일기 작성법과 선행 행동 체크리스트 활용법을 안내한다. 그다음 그릿 설문지 검사 후 그릿 향상을 위한 계획표를 작성할 수 있도록 구성한다. 구체적인 기법을 알려주어 실천할 수 있도록 유도했다.

2. '지식 – 기술 – 태도(마인드)' 구성법

'지식 – 기술 – 태도(마인드)' 구성법은 지식, 기술 및 태도나 마인드에 해당하는 소주제를 분류하여 각각에 맞는 내용으로 본론을 구성하는 방식이다.

커뮤니케이션 유형(지식)	매력적인 강의로 변환하는 기술(기술)	청중에게 어필하는 강사 마인드(태도/마인드)
• 메시지 커뮤니케이션 • 언어 커뮤니케이션 • 시각 커뮤니케이션	• 유의미하게 코딩하라 • 긍정 피드백을 활용하라 • 그림과 도표를 활용하라	• 청중이 원하는 것을 파악하라 • 청중의 직접적 반응을 살펴라 • 청중의 반응을 데이터화하라

강의의 주제는 '청중을 매혹하는 강의 커뮤니케이션 기술'이다. 강사를 대상으로 청중의 만족감을 끌어내는 강의 설계 방법을 소개하는 특강이다. 본

특강은 청중에게 어필하는 매력적인 강의를 구사하는 방법을 강조한 내용이다.

지식 부분은 '커뮤니케이션 유형'이라는 소주제로 '메시지 커뮤니케이션과 언어 커뮤니케이션 및 시각 커뮤니케이션'이 무엇인지를 소개하는 내용으로 구성한다. 기술 영역에서 '매력 있는 강의로 변환하는 기술'이란 제목으로 '유의미하게 코딩하라', '긍정 피드백을 활용하라', '그림과 도표를 활용하라' 같은 활용 방법을 소개한다. 태도 부분은 '청중에게 어필하는 강사 마인드'란 소주제로 '청중이 원하는 것을 파악하라', '청중의 직접적 반응을 살펴라', '청중의 반응을 데이터화하라' 등의 내용으로 구성한다.

3. '과제 제시 - 과제 해결 - 해결책의 구체화' 구성법

'과제 제시 - 과제 해결 - 해결책의 구체화' 구성법은 주제와 관련된 과제를 제시하고 과제를 해결할 수 있는 방식을 소개한다. 그다음 해결책을 실천할 수 있는 구체적인 기법이나 테크닉을 소개한다.

학습 포트폴리오의 활용 (과제 제시)	학습 포트폴리오 개발 (해결책)	학습 포트폴리오 작성법 (해결책의 구체화)
• 학습 포트폴리오 필요성 • 학습 포트폴리오의 효과	• 학습 포트폴리오 구성 요소 • 학습 포트폴리오 개발 절차 • 자료의 수집과 가공	• 학습 포트폴리오 구성 목차 • 스토리로 어필하는 방법 • 자기 분석으로 어필하는 방법

강의의 주제는 '학습 포트폴리오'이다. 학생들에게 포트폴리오의 효과성을 각인시키고, 실제 포트폴리오를 작성할 수 있도록 안내하는 특강이다. 과제 제시 부분에서 '학습 포트폴리오의 활용'이란 소주제로 학습 포트폴리오의 필요성과 학습 포트폴리오를 작성한 후 얻게 되는 효과를 설명한다. 해결책은 '학습 포트폴리오 개발'이란 제목으로 학습 포트폴리오를 구성하는 요소와 개발하는 절차를 소개한다. 해결책의 구체화 부분은 '학습 포트폴리오 작성법'이란 소주제로 학습 포트폴리오를 구성하는 실제 목차를 제공하고, 개성 있는 자신만의 학습 포트폴리오를 작성할 수 있는 비법을 소개한다.

결국 콘텐츠가 답이다

    결국, 콘텐츠가 답이다. 구조화된 콘텐츠가 담긴 자료 없이 말과 유머로만 이루어진 강의는 똑똑한 청중에게 외면받기 쉽다. 강의를 통해 효과적으로 구성된 다양한 양질의 자료를 청중에게 제공할 필요가 있다. 강의 콘텐츠 중에 제일 중요한 것은 강의 자료이다. 강의 자료만 보더라도 강사의 전문성과 강의 준비에 들인 노력을 파악할 수 있다. 청중에 대한 인식이나 강의 철학까지도 알아볼 수 있다. 이런 이유로 강의 자료 개발에 들이는 시간은 아무리 많아도 부족하다고 말할 수 있다.

    강사는 PPT 자료를 통해 다양한 시청각적인 효과를 부여하여 강의를 생동감 있게 만들 수 있다. 시각 자료의 효과는 많은 연구 결과에서 증명되었다. 우선 시각 자료는 복잡하고 어려운 내용을 쉽게 이해할 수 있도록 돕는다. 표나 그래프를 활용하여 많은 내용을 정리된 형태로 제공할 수 있다. 그리고 그림이나 사진 또는 동영상 등을 통해 구체적인 경험을 제공하므로 강의 내용을 오래 기억하도록 도울 수 있다.

하나의 슬라이드에 한 개의 개념만을 담는 것이 좋다. 2개 이상의 개념을 혼합하여 한 장의 슬라이드에 가득 담는 것은 청중에게 혼란을 준다. 많은 정보를 가독성 낮은 문자로만 구성된 자료로 만들어 강의하는 분들을 보았다. 그런 자료는 지식의 이해나 정보의 습득에 아무런 도움이 되지 않는다. 언어적 설명은 최소한으로 하고 여백에 그림이나 사진을 활용하여 청중의 이해를 도울 것을 추천한다.

PPT 자료는 특성상 제작 기술의 수준이 매우 쉽게 노출되는 특성이 있다. 시각적 요소가 디자인에 따라 매우 다른 효과를 낼 수 있어서 양질의 자료인지 아닌지 쉽게 알아볼 수 있다. 이런 이유로 기본 템플릿이 너무 조잡하거나 색감이 이상한 것은 사용하지 않기 바란다. 초보자가 작성한 것 같은 너무 평범한 템플릿은 초보 강사로 보이게 할 수 있는 면도 있어서 신중하게 활용할 필요가 있다.

중요한 것은 강사가 자신의 노력으로 기본적인 자료를 만들 수 있을 정도의 PPT 활용 능력을 익히는 것이다. 나는 강의 자료를 직접 만든다. 내용의 구성이나 적절한 그래픽의 위치와 배열이 중요하기 때문이다. 그런데 기본

165

템플릿은 세련된 디자인 요소가 들어가 있는 회사의 제품을 사서 활용한다. 그렇게 비싸지 않기 때문에 자신의 강의 주제를 잘 표현해주는 템플릿을 골라서 사용할 수 있다.

보조 자료에 해당하지만, 강의의 효과성을 위해 필요한 자료 중에 매우 중요한 것이 학습 활동을 유도하는 자료이다. '학습 활동지' 또는 '워크시트'라고 부를 수 있다. 예를 들어 강의 목표가 '효과적인 팀워크를 위한 방법을 실천할 수 있다.'라고 설정되었다고 가정해보자. 마지막 내용에서 강사가 '팀 운영 전략으로 중요한 것이 회의록을 작성하는 것과 동료 평가 제도를 실천하는 것입니다.'라고 언급하며 각 요소를 설명하는 것으로 강의를 마무리한다.

맞게 끝난 것인가? 최종 목표가 '팀 운영 전략을 설명할 수 있다.'라고 설정되어 있다면 맞다. 그러나 최종 목표가 '효과적인 팀워크를 위한 방법을 실천할 수 있다.'이기 때문에 이 목표까지 도달하도록 이끌어주어야 한다. 이를 위해 개발해야 하는 콘텐츠가 학습 활동지이다. 회의록 작성 도구나 동료 평가표를 제공하여 직접 활용하도록 유도할 필요가 있다.

강의 콘텐츠로 강의 제목을 고려해볼 수 있다. 강의 제목을 정할 때는 청중의 관심을 끌 수 있는 매력적인 문구를 활용하는 것이 좋다. 강의 제목은 청중이 강의 장소에 도착하기 전에 알게 되는 것으로, 강의에 대한 첫인상과도 같다. 사적이든 업무상이든 누군가 모르는 사람과의 첫 미팅을 기억해보

라. 외모와 상관없이 우리는 첫인상에 주목한다. 단정한 옷차림으로 미소 짓는 표정을 짓는다면 당연히 호감이 간다. 마찬가지로 강의 제목도 청중을 배려하여 정하는 것이 좋다.

대학생을 대상으로 팀워크란 주제로 강의를 한다고 가정하자. 그냥 '팀워크 전략'보다는 '우리 팀 A+ 받게 하는 팀워크 전략'이 더 좋은 제목이다. 팀으로 하는 과제는 학생들이 좋아하는 과제이기도 하고, 한편으로는 싫어하는 과제이기도 하다. 팀 과제를 좋아하는 이유는 많은 학생이 협력하여 과제를 수행할 때 많은 것을 배울 수 있다는 것을 알고 있기 때문이다. 그럼에도 팀 과제를 싫어하는 이유가 있다. 팀원을 잘못 만나 노력 대비 결과가 만족스럽지 못한 경험을 하는 경우가 있기 때문이다. 따라서 학생들은 좋은 팀워크를 만드는 전략을 알고 싶어한다. 효과적인 운영 전략을 실천하여 생산적으로 과제를 완성하고 싶기 때문이다. 위와 같은 제목은 학생들의 요구를 반영하고 있어 학생들의 호기심을 끌어낼 수 있다.

다른 예로 직장인을 대상으로 팀워크란 주제로 강의를 한다고 가정하자. 그냥 '팀워크 전략'보다는 '커리어 업그레이드하는 팀워크 전략'이 더 좋은 제목이다. 요즘은 팀 기반으로 프로젝트식 업무를 수행하는 직장들이 많다. 취업 면접에서도 팀워크 경험에 대한 질문이 자주 나오는 이유이기도 하다. 직장인들은 공동의 목표와 결과물을 성취하는 과정에서 팀워크의 힘이 중요하다는 것을 인식하고 있다. 회사의 목표를 달성하기 위해 팀에 방해가 되지 않으려는 마음가짐도 가지고 있다. 업무의 능률을 위해 효과적으로 팀워크

167

를 실천하고 있을 수도 있다. 그런데 팀워크 전략을 통해 자신의 커리어를 높이는 방법을 알려주는 강의라면 직장인들의 호기심을 자극할 수 있다.

강사에게 평가도구도 매우 중요한 콘텐츠가 된다. 가장 일반적으로 사용하는 평가도구가 설문지이다. 설문지는 자신의 강의에 대한 청중의 반응이나 요구사항을 파악하기 위해 제작한 강의 평가지이다. 일반적으로 강사 자신이 청중에게 알고 싶은 반응 조사에 대한 항목으로 구성할 수 있다.

예를 들어, '강의 내용은 도움이 된다', '강의 내용의 난이도는 적절하다', '예와 사례는 강의 내용을 이해할 수 있게 도와준다', '강의 구성이 논리적이다'라는 항목을 구성할 수 있다. 또는 조금 구체적으로 'A 내용은 유익하다'나 'B 활동은 재미있다'라는 항목을 넣어도 된다. 청중은 '매우 그렇다'부터 '전혀 그렇지 않다' 사이에서 답할 수 있다.

개별 인터뷰나 포커스 그룹 인터뷰를 실행할 수도 있다. '한번 강의가 끝나면 다시 만날 사람들도 아닌데?'라고 생각하지 않기를 바란다. 자신의 강의를 들은 사람은 강의의 질적 개선을 위해 정직한 조언을 해줄 수 있는 사람들이다. 인터뷰는 강의의 여러 가지 측면에 대한 질적 향상을 위한 자료 조사 과정이라고 생각할 필요가 있다. 강의를 진행하면서 강의에 호의적인 청중을 찾아라. 강의가 끝난 후 인터뷰를 요청하면 흔쾌히 응할 것이다. 인터뷰 후에 볼펜이나 초콜릿 같은 것으로 고마움을 표시해도 좋다.

'교육 방법 및 교육공학'이라는 과목에서 학생들의 기말 프로젝트 개발과정을 돕기 위해 팀별로 컨설팅을 제공해준다. 그 시간을 이용하여 나는 인터뷰를 진행한다. 과목 자체를 학생들이 어려워하기 때문에 이해가 잘되지 않는 주제에 대해 집중적으로 질문한다. 학생들의 이해를 촉진하기 위해 더 고려할 사항을 찾기 위해서이다. 나는 인터뷰 내용을 바탕으로 보완해야 할 부분을 고민하여 다시 강의 자료를 업데이트한다.

'소프트스킬'이라는 과목에서 학생들에게 날을 정해 기말과제를 직접 연구실로 와서 제출하도록 요청했다. 강의에 대한 학생 반응과 요구사항을 인터뷰하기 위해서였다. 이 과목은 위계적인 지식을 가르치는 과목이 아니라 능력을 배양하는 과목이기 때문에 실습을 시키기 위해 활용하는 보조 자료가 많다. 따라서 점검해야 하는 내용이 훨씬 많아 인터뷰 시간도 길어진다.

나는 우선 학생들에게 인터뷰하는 목적과 이유를 설명해준다. 학생들의 응답이 진정한 피드백으로 기능하도록 돕기 위해서다. 그러면 학생들은 인터뷰 자체를 신기해한다. 강의 개선을 위해 학생들을 인터뷰하는 강사를 처음 보기 때문이다. 학생들은 나의 의도를 이해한 후 기꺼이 인터뷰에 응했다. 학습 활동이나 기말과제에 대한 아이디어를 같이 고민해주는 학생들도 있었다.

이런 평가도구를 활용하는 것은 자신의 강의를 더 좋은 콘텐츠로 만들기 위한 조사 활동이다. 물론 기관에서 제공하는 평가지가 있다. 그것은 강사가 청중에게 좋은 평가를 받는 강사인지 아닌지를 알기 위해 기관이 필요로 하는 정보를 수집하게 해준다. 하지만 그런 평가는 강사가 강의 개선을 위해 알

169

고 싶어 하는 정보를 원활히 제공해주지는 못한다.

그것과는 별도로 강사로서 자신이 직접 청중에게 궁금한 내용을 담은 평가도구를 개발하여 활용할 필요가 있다. 강사가 자신의 목적에 맞게 조사해야 강의에 반영할 수 있는 유익한 정보를 파악할 수 있다. 이러한 정보를 통햐 지속적인 강의의 질 향상을 위해 노력한다면 누구나 명강사가 될 수 있다.

┃ 활동지 예시

다음 동기 성향을 갖기 위한 자기성찰과 구체적인 전략을 끌어내십시오.

학습 동기 유형	성찰 (객관적으로 되돌아 보기)	학습 지향성 개발 전략
학습 목표 지향성		
수행 목표 지향성		

학습 동기 유형	성찰 (객관적으로 되돌아 보기)	내적 통제 소재 개발 전략
내적 통제 소재		
외적 통제 소재		

┃ 강의 평가지 예시

1. 강의 내용이 실용적이고 유익하다고 생각한다.

① 전혀 아니다   ② 아니다   ③ 보통이다   ④ 그렇다   ⑤ 매우 그렇다

2. 강의 내용의 핵심을 잘 이해할 수 있다.

① 전혀 아니다   ② 아니다   ③ 보통이다   ④ 그렇다   ⑤ 매우 그렇다

3. 강의 주제와 내용으로 충분한 호기심이 자극되었다.

① 전혀 아니다   ② 아니다   ③ 보통이다   ④ 그렇다   ⑤ 매우 그렇다

4. 강의 자료와 보조 자료들이 강의 내용을 이해하는 데 도움이 되었다.
① 전혀 아니다   ② 아니다   ③ 보통이다   ④ 그렇다   ⑤ 매우 그렇다

5. 강의 시간에 하는 다양한 활동이 재미있고 유익했다고 생각한다.
① 전혀 아니다   ② 아니다   ③ 보통이다   ④ 그렇다   ⑤ 매우 그렇다

6. 기억에 남는 의미 있는 과제가 있었다.
① 전혀 아니다   ② 아니다   ③ 보통이다   ④ 그렇다   ⑤ 매우 그렇다

7. 안내서는 과제를 효과적으로 수행할 수 있도록 도와주었다.
① 전혀 아니다   ② 아니다   ③ 보통이다   ④ 그렇다   ⑤ 매우 그렇다

8. 나는 평가 기준이 명료하고 공정하다고 생각한다.
① 전혀 아니다   ② 아니다   ③ 보통이다   ④ 그렇다   ⑤ 매우 그렇다

9. 나는 과제의 양이 적절하다고 생각한다.
① 전혀 아니다   ② 아니다   ③ 보통이다   ④ 그렇다   ⑤ 매우 그렇다

10. 교수님이 수업 내용과 관련하여 전문성을 가지고 있다고 생각한다.
① 전혀 아니다   ② 아니다   ③ 보통이다   ④ 그렇다   ⑤ 매우 그렇다

11. 교수님의 강의 진행이 체계적이었다고 생각한다.
① 전혀 아니다   ② 아니다   ③ 보통이다   ④ 그렇다   ⑤ 매우 그렇다

12. 교수님이 수업에 대한 열의가 있었다고 생각한다.
① 전혀 아니다   ② 아니다   ③ 보통이다   ④ 그렇다   ⑤ 매우 그렇다

13. 학생의 질문이나 의견에 적절히 대응해주었다고 생각한다.
① 전혀 아니다   ② 아니다   ③ 보통이다   ④ 그렇다   ⑤ 매우 그렇다

14. 수업에 대한 기타 의견

3장. 지식과 경험으로 부족한 콘텐츠 채우는 기술

콘텐츠 개발에 필요한
아주 간단한 프로세스

강사는 강의 내용을 전적으로 설명해야 한다는 생각을 바꾸어볼 수 있다. 간단한 프로세스만 도입해도 강의 콘텐츠가 확보된다. 청중이나 학습자가 내용을 구성할 수 있다는 믿음을 가지면 된다. 강의의 주체자가 강사가 아니라 청중이 되는 것이다. 이를 위해 인식의 전환이 필요하다. 강사는 청중이 스스로 학습 결과물을 도출해낼 수 있다는 관점을 가질 필요가 있다.

• Watch   • Think/Write   • Act/Discuss   • Reflect/Homework

이 모형은 서울 소재 한 대학교에서 제공하는 온라인 수업의 프로세스를 담고 있다. 매 주차 이런 절차에 따라 강의가 진행된다. 'Watch' 시간에 교수가 주요 내용을 설명한다. 학생들이 강의 내용을 듣는 일반적인 형태로 20분간 진행된다. 교수는 강의 운영을 위해 필수적인 핵심 내용만 다룬다.

그다음 'Think/Write' 시간으로 넘어가 학생들에게 미니 과제가 제공된다. 학생들이 강의 내용을 참고하여 생각을 정리해볼 수 있는 어렵지 않은 과제이다. 4명 정도의 동료가 한 모둠으로 둘러앉아 10분 정도의 시간을 들여 개인적으로 과제를 완성한다. 자유롭게 확인하는 질문을 하거나 도움을 요청할 수 있다.

그다음 'Act/Discuss' 시간에 20분 정도 한 명씩 돌아가면서 자신이 도출한 내용을 얘기해본다. 학생들은 의견을 교환하거나 수용하면서 상호작용하는 과정을 시도한다. 학생들은 같은 모둠의 팀원들의 다른 생각과 관점을 통해 자신의 사고체계를 확장해볼 수 있다. 수업 마지막인 'Reflect/Homework' 시간에 성찰하는 활동을 하거나 숙제를 통해 마무리하도록 안내받는다.

강의 내용이 아니라 청중의 다양한 사고 활동이나 경험적 결과에 중점을 두면 간단한 프로세스를 활용하여 강의를 운영할 수 있다. 이를 위해 강사는 강의 내용을 고려한 자신만의 플랫폼을 설계할 수 있다. 워크숍 같은 경우에는 이러한 프로세스를 활용하여 진행하는 것이 훨씬 다이내믹하다.

• Watch   • Think/Write   • Discuss/Act   • Present

PBL 수업을 운영하고자 하는 교수를 대상으로 'PBL 문제 개발 워크숍'을 진행한 적이 있다. PBL 수업을 진행하기 위해 교수들은 자신의 교과목 영역의 문제를 만들 수 있어야 한다. 문제를 개발하는 것이 그리 쉬운 일은 아니다. PBL이 무엇인지 알고 있는 것과는 별개의 어려움이다.

워크숍에서 내가 활용한 플랫폼은 간단하게 'Watch', 'Think/Write', 'Discuss/Act', 'Present'였다. 'Watch' 과정에서 문제 개발을 위한 기본 원리를 소개한다. 좋은 문제의 조건과 특성에 대한 핵심적인 내용만 설명한다. 그리고 몇 가지 좋은 문제 사례를 보여준 후 왜 좋은 문제인지 부연설명을 한다. 강의 내용은 20분 정도의 시간으로 마무리된다.

그다음 'Think/Write' 시간에 교수들은 개인적으로 30분 정도의 시간을 들여 문제 시나리오를 작성한다. 'Discuss/Act' 과정에서 팀원들끼리 문제에 대한 코멘트를 하며 상호작용한다. 이 과정을 통해 각자의 문제를 수정하거나 보완하는 작업이 이루어진다. 팀원들은 토론을 통해 자신이 만든 문제가 문제 개발 원리에 맞는지 점검한다. 다른 팀원의 문제 시나리오에 영감을 받기도 한다.

마지막 'Present' 과정에서 각자의 문제를 돌아가면서 발표하는 시간을 가진다. 팀원뿐만 아니라 강의에 참석한 모든 참석자가 자유롭게 피드백을 제공할 수 있다. 이러한 과정을 통해 문제 개발 원리에 대해 심층적으로 이해할 수 있게 된다. 마지막으로 강사인 내가 필요한 부분을 수정하는 피드백을 제공하여 좀 더 완성도 있는 문제가 만들어진다.

• Explore　• Discuss　• Present　• Ask questions

학생들을 대상으로 PBL로 수업을 진행할 때 일반적인 프로세스는 'Explore', 'Discuss', 'Present', 그리고 'Ask Questions'를 포함한다. PBL 과정은 강사가 강의하지 않고 학생들이 주체자가 되어 모든 학습 결과를 끌어내는 방식이다. 학생들은 주어진 문제를 풀기 위해 지식과 정보를 스스로 탐색한다. 교실에서 팀원들과 인터넷을 이용해 정보를 검색할 수도 있고, 자유롭게 도서관에 가서 책을 빌려올 수도 있다.

학생들은 자기 주도적인 학습 과정을 통해 전공지식을 배우는 것이다. 이런 학습 과정을 운영할 때 플랫폼은 필수적이다. 학생들이 따라가야 하는 일종의 절차를 공식화하는 것이기 때문이다. 학생들이 따라가야 하는 학습 모델이라고도 할 수 있다. 학생들은 각 단계를 거치며 매 주차 학습 결과물을 만들어간다. 강사는 학습 촉진자의 역할을 맡는다.

'Discuss' 시간에 학생들은 함께 토론하며 문제의 해결책을 찾기 위해 고군분투한다. 팀원들이 내는 모든 아이디어가 소중하다. 문제가 매우 복잡해서 학생들은 혼자 힘으로 풀 수 없다는 것을 깨닫는다. 모든 팀원의 지식과 견해가 중요해지면서 한 팀이라는 것에 동기 부여를 받는다. 자연스럽게 협력

177

하며 일하는 문화가 형성된다.

'Present' 시간에 학생들은 함께 학습한 내용을 발표한다. 강사는 학생들의 발표에 피드백을 주거나 질문에 답할 수 있다. 그러나 문제의 해결책에 관한 정보를 직접 제공하지 않는다. 해결책에 접근하는 방식이나 자료를 확보하는 방법에 대해 조언할 수는 있다. 강사는 자기 주도 학습과 협력학습의 중요성을 강조하면서 주인의식을 고무한다.

• Watch　• Act　• Interact/Help each other　• Present

내가 좋아하는 플립 러닝 모델도 'Watch', 'Act', 'Interact', 'Present'와 같은 간단한 프로세스로 만들어진다. 플립 러닝도 사실은 학생들 스스로 학습하고 결과물을 만들어내는 방식이다. 학생들은 선생님의 동영상 강의를 시청하면서 수업의 주요 내용을 파악한다. 내용에 대한 학생들의 이해를 촉진할 수 있도록 선생님이 만든 학습 활동지가 제공된다.

'Act' 시간에 학생들은 모둠으로 앉아 활동지를 하면서 학습 내용을 이해하기 위해 노력한다. 그다음 먼저 학습지를 완성한 학생이 모둠의 다른 동료를 도와가며 상호작용으로 학습이 이루어진다. 모둠의 모든 학생이 학습 결과물을 도출해야 학습이 완료된다. 플립 러닝의 특징은 바로 선생님이 아닌 동료에게 배운다는 것이다.

이렇게 간단한 프로세스만으로도 효과적인 학습이 일어날 수 있다. 내용을 설명하는 것만이 강의 효과를 극대화하는 유일한 수단이 아니다. 다양한 방식으로 강의를 전개할 필요가 있다. 이러한 시도는 청중이 어떠한 경험을 통해 무슨 능력을 키울 수 있는지에 대한 질문에서 시작한다. 청중을 중심에 두고 강의 과정에 접근하는 것이다.

강의의
품격을 높이는
8가지 테크닉

01

한눈에 들어오는
'강의계획안'을 만들어라

강의계획안은 여러 날을 고민하며 철저하게 짠 친절한 여행안내서와 같다. 여행안내서를 통해 우리는 어떤 도시를 방문하는지, 머무는 동안 얼마의 시간을 소요하는지, 그 도시에서 무엇을 할 것인지 알 수 있다. 이렇게 계획된 안내서 없이 새로운 도시를 방문한다면 낭비하는 시간이 많아 당황하게 된다.

나는 미국의 여러 곳을 짧게는 일주일에서 길게는 15일 동안 여러 차례 여행을 한 적이 있다. 긴 여행을 성공적으로 마치려면 철저한 조사와 자세한 계획은 필수적이다. 여행하는 동안 묵어야 할 숙소와 식당은 물론이거니와

183

세세한 방문지까지 다양한 정보와 의견을 검색하여 미리 결정할 필요가 있다. 자세하게 계획된 여행안내서는 낭비하는 시간을 줄여주기 때문이다. 이는 여행 기간 더 많은 새로운 경험을 쌓기 위해 유익한 시간을 보낼 수 있다는 것을 의미한다.

마찬가지로 강의계획안을 통해 어떤 내용이 어떤 순서로 어느 정도의 시간을 들여 전개되는지 알 수 있다. 강의계획안은 강의 내용을 중심으로 강의의 전반적인 구성 요소와 절차를 그대로 보여준다. 강의계획안 없이 강의한다는 것은 정처 없이 떠돌아다니는 여행을 하는 것과 같다. 이런 이유로 강의를 효과적으로 잘 하려면 강의계획안을 작성하는 것이 좋다.

강의는 특정 목표를 가지고 학습자에게 필요한 지식이나 기술 또는 메시지 등을 효과적으로 전달하는 과정이다. 강의 목표에 도달하려면 강의의 전반적인 과정과 절차를 철저하게 계획할 필요가 있다. 그리고 그것이 정말 맞는 내용과 절차인지 여러 번의 과정을 거쳐 수정할 필요가 있다. 수정하면 할수록 더 좋은 강의안을 만들 수 있다. 좋은 강의안은 질 높은 강의로 인도하는 도구가 된다.

강의계획안의 가로 항목에는 강의 활동과 학습 활동, 강의를 위해 활용하는 자료에 대한 정보를 기록하는 것이 좋다. 전체적인 흐름은 일반적으로 도입과 전개, 정리 활동으로 마무리된다. 도입 단계에서 학습 동기를 촉진하며 학습 목표를 안내한다. 전개 단계에는 주요 내용을 설명하며 청중의 이해를 촉진하는 학습 활동을 진행한다. 정리 단계에서 강의의 최종 목표 달성 여부를 촉진하는 마무리가 이루어질 수 있다.

앞에서 소개한 가로 항목이나 순서 항목들을 활용하여 강의계획안을 작성하면 강의가 매우 논리적으로 진행되는 효과를 경험한다. 이러한 강의안의 구성은 학습 목표에 효과적으로 도달하도록 돕는 모형으로 실제로 많은 연구를 통하여 검증된 것이다. 교사들은 일반적으로 '도입-전개-정리' 항목의 강의지도안 양식을 사용한다. 처음 강의안을 만드는 경우라면 '도입-전개-정리' 항목에 내용을 채우는 일도 사실 쉽지 않다.

아이가 초등학교에 다닐 때 아이 담임 선생님들의 공개수업에 자주 참관했다. 많은 선생님이 적합한 강의 절차를 활용하여 수업을 진행하시는 것을 보았다. 사범대학이나 교육대학에서 공부하는 학생들은 교직 과목을 이수해야 한다. 그중에 수업 설계에 대한 지식을 제공하는 영역이 '교육 방법 및 교육공학'이라는 과목이다. 선생님들은 대학교에서 배운 지식을 이론으로만 생각하지 않고 수업에 직접 활용하고 있었다.

강의계획안은 가능하면 구체적으로 준비해야 한다. 특히 전개 단계는 주요 내용을 설명하고 이해를 촉진하는 부분이므로 더욱 자세하게 작성해야 한다. 예를 들어 전개 단계에서 6개의 세부 내용을 다룬다고 가정해보자. 중요한 것은 하위 내용을 다룰 때 각 설명과 함께 내용의 이해를 돕는 예도 구체적으로 기록해서 넣는 것이 좋다.

이렇게 자세하게 강의계획안을 만드는 이유는 뭘까 의문을 가질 수도 있다. 한 편의 감동적인 영화가 시나리오 없이 만들어졌다고 생각하는 사람은 없다. 한 편의 연극이 끊임없이 수정한 대본 없이 배우의 즉흥적 연기로 무대에 오르지 않는다. 올림픽에서 금메달을 딴 피겨 스케이트 선수의 연기가 프로그램화되지 않은 즉흥적인 수행이라고 알고 있는 사람은 없다. 강의도 마찬가지로 프로그램처럼 계획할 필요가 있다.

강의는 일방적으로 자신이 아는 것을 전달하는 과정이 아니다. 특정 지식이나 기술 또는 메시지를 도구로 활용하여 의미 있는 방식으로 청중을 변화시키는 과정이다. 이러한 강의를 하고 싶다면 구체적인 강의계획안을 만드는 것이 좋다. 내용의 흐름을 위한 절차는 어떻게 구성되는지 또는 각 내용을 이해하도록 돕기 위한 활동은 어떤 것인지 가능하면 자세하게 기록한 강의계획안이 좋다.

구체적인 강의계획안의 가장 큰 장점은 강의계획안의 전개 순서대로 강의자료를 만들 수 있게 도와준다는 것이다. 내용 구성과 흐름이 완성되어 있으니 그대로 따라서 개발하면 된다. 강의 자료 개발하는 시간이 단축되는 효과를 제공한다. 강의계획안 없이 직접 강의 자료를 개발하면 위에서 언급한 강의의 주요 요소를 반영하지 못하는 실수를 하기 쉽다. 강의의 다양한 요소를 미리 계획하지 못하고 개발한 자료는 강의를 풍부하게 만들지 못한다. 내용을 전달하느라 급급해서 전체적인 강의의 집중도가 떨어질 수 있다.

내가 최근에 관심 분야로 들은 강의의 내용은 주로 기업가 정신과 비즈니스 모델 등의 분야이다. 강사들은 관련 분야의 전문가들이지만 자신의 강의를 효과적인 프로그램으로 만들지 못했다. 내가 강의계획서를 만드느냐고 물으니 모두 아니라고 대답했다. 그래서 혼자서 그렇게 많은 양의 의미 없는 슬라이드를 마음대로 넘기면서 강의를 진행한 것이다. 청중을 위해 강의에 필요한 요소들을 미리 고려하지 않고 직접 자료를 만든 것이다.

구체적인 강의계획안의 또 다른 장점은 강의계획안을 만들면서 강의의 논리적 전개 과정을 여러 번 점검할 수 있다는 것이다. 강의의 각 구성 요소를 전체적인 시각으로 들여다보면서 부족한 부분이 있는지 찾는 과정을 통해 강의의 논리적 수준을 상당히 높일 수 있다. 이러한 과정을 반복하다 보면 강의 구성 능력이 발달하게 된다. 이는 강사의 중요한 실력이 된다.

지인인 정 교수는 자신의 강의에 문제점이 있는 것을 토로한 적이 있다. 자신이 준비한 강의 내용을 다 설명하지 못하고 강의를 끝내는 경우가 많다는 것이다. 이런 이유로 다음 시간에 다시 내용을 이어가면 2가지 다른 주제를 섞어서 강의하게 되고, 그러면 다음 시간에 같은 상황이 반복된다는 것이다.

이렇게 항상 쫓기듯 강의를 진행하니 자신도 명료하게 강의를 진행한 느낌이 없어 시원하지 않다고 했다. 나는 이 책에서 소개한 것과 비슷한 강의계획안 샘플을 제공하면서 간략한 설명과 함께 활용해볼 것을 권했다. 후에 정 교수는 강의 내용뿐만 아니라 전반적인 과정을 조절하는 일이 쉬워졌다고 했다.

구체적인 강의계획안은 강의의 전반적인 흐름을 객관적으로 들여다볼 수 있게 해준다. 강사와 학생의 참여 활동에 대한 균형이 맞는지 파악할 수 있다. 강사 활동과 학생 활동을 나누어 구성하다 보면 강사의 활동에 너무 치우친 강의인지 아닌지 금방 파악할 수 있다. 또는 학생을 위한 안내와 참여 활동이 부족한지 아닌지 비교할 수 있다. 강사와 학생의 적절한 상호작용을 처방할 기회를 찾아내기가 쉽다.

┃ 강의계획서 예시

순서	주요항목	강의 활동	학습 활동	자료	시간
도입	동기 유발	동영상 보여주기	동영상 시청	EBS 다큐	10
	학습 목표	소개	읽기	강의 자료	3
	선수 학습 (필요시)	이전 내용과 연결	필기	학습이론 개념도	5
전개	내용 제시	학습의 의미		강의 자료	5
	내용 제시	스키마의 구조		강의 자료 (스키마 그림)	10
		스키마 시나리오 제공	스키마 사례 분석, 미니 발표	활동지	10
	내용 제시	정보처리 모델	필기	강의 자료	10
		질문 : 감각기억 · 단기 기억 · 장기기억의 예	감각기억 · 단기기 억 · 장기기억의 예, 미니 발표	활동지	10
		단계별 처리 과정	필기	강의 자료	10
		정교화 사례 제공, 조직화 사례 제공, 도식화 사례 제공	학습 전략 도출, 미니 발표	강의 자료, 활동지	10
		교수 설계 적용		강의 자료	5
			교수 전략 도출, 미니 발표	활동지	10
정리	마무리	강의 내용 요약		보조 자료	5

02

나만의 강의 스타일로
품격 있는 강사가 되라

강의 스타일은 강의 철학이나 인간관을 반영하여 강의를 이끌어가는 개인적인 행동 특성을 의미한다. 행동 특성이라고 하면 말투나 제스처가 연상될 수도 있지만 그런 것과는 구별되는 특성이다. 강의에서 자신의 역할을 투영하여 강의를 풀어내는 방식에 더 가깝다. 강의에서 나를 어떤 역할로 설정했는지에 따라 강의를 운영하는 방식이 달라진다.

강의 스타일에 따라 청중에게 미치는 영향도 다르게 나타날 수 있다. 중요한 것은 강의 스타일은 청중의 학습 성취에 영향을 준다는 것이다. 학습요구와 목표에 따라 각기 다른 강의 스타일을 구사할 때 청중에게 더 도움을 줄 수 있다. 강사로서 강의 스타일에 대해 이해하는 것은 어떤 면에서 매우 필수적이라고 할 수 있다.

강의 스타일에 관한 연구 문헌과 지금까지의 나의 경험을 참조하여 몇 가지 강의 스타일을 소개하려고 한다. 시도해볼 수 있는 대표적인 강의 스타일에는 전문가 스타일, 촉진자 스타일, 코치 스타일 등이 포함된다. 나는 3가지 스타일을 복합적으로 활용하거나 목적에 맞는 하나의 스타일을 집중적으로 유지할 때도 있다. 중요한 것은 청중이 강의를 통해 얻어야 하는 학습 결과물에 초점을 맞추어 강의 스타일을 결정할 필요가 있다는 것이다.

1. 전문가 스타일

전문가 스타일은 강사가 가지고 있는 지식과 전문적인 기술을 바탕으로 강의를 진행하는 방식을 활용한다. 강사의 지식이 전문적이어서 이러한 지식을 전달하고 설명하는 역할에 중점을 둔다. 대표적으로 대학에서 이루어지는 강의는 전문가 스타일을 요구한다고 할 수 있다. 전공 영역에 대한 학습이 필요해서 어렵더라도 전문지식을 바탕으로 강의가 이루어진다.

이런 경우 강사는 강의할 때 전문지식을 일방적으로 설명하는 방식을 취하기 쉽다. 그러나 강의는 강의 내용을 중심으로 이루어지는 강사와 학습자 간의 상호작용 과정이다. 스타일은 전문가의 역할로 유지하되 학생을 배려하여 상호작용하는 강의를 진행할 수 있다면 매우 고무적일 수 있다.

전문가 스타일의 장점은 강사의 지식에 대한 전문성 때문에 청중에게 내용에 대한 신뢰감을 줄 수 있다는 것이다. 실제적이고 믿을 수 있는 데이터에 근거한 다양한 실례를 제시할 수 있을 것이다. 가장 최신의 연구 트렌드나 기술을 반영하여 내용을 구성한다면 강의 내용이 고루하지 않을 것이다.

전문가 스타일은 다음과 같은 몇 가지 사항을 유념하여 강의를 진행하면 청중에게 매우 유익한 강의를 제공할 수 있다. 내용을 설명하면서 청중의 이해를 돕는 구체적인 사례를 반드시 사용해야 할 필요가 있다. 강의 자료에 적절한 시청각적 자료를 삽입하여 청중에게 감각적 즐거움을 경험하도록 돕는다. 탐구적 사고를 돕는 개방형 질문보다는 내용의 이해를 돕는 구조화된 질문과 답을 활용하여 학생들이 강의에 부담 없이 참여하도록 고무한다.

내가 대학 강단에 섰던 초기 시절, 나의 강의 스타일은 전형적인 전문가 스타일이었다. 학생들이 어렵게 느끼는 과목을 잘 이해할 수 있도록 도와주고 싶어서 핵심을 중심으로 강의 내용을 구성했다. 주로 개념이나 원리를 이해할 수 있도록 예를 들어 쉽게 설명하려고 노력했다.

매 수업 끝에 학생들에게 질문할 기회를 주었다. 학생들의 질문을 바탕으로 내용을 다시 한 번 설명하며 내용을 구조화할 수 있도록 반복 학습하는 방법을 활용하였다. 학생들의 지적 사고과정을 자극하기 위하여 학습 내용을 정리해볼 수 있는 구조적인 보조 자료를 만들어 활용했다.

2. 촉진자 스타일

촉진자 스타일은 학습 과정과 결과를 촉진하는 다양한 안내나 도움을 제공하는 방식을 활용한다. 촉진자 스타일은 전문적인 정보나 지식의 전달과 더불어 청중의 잠재력을 개발하는 역할을 동시에 수행한다. 이를 위해 현재 청중이 할 수 있는 것과 도움을 받아야 하는 과제를 구체적으로 파악하는 것이 중요하다. 특정 주제에 대한 청중의 수행 수준에 따라 각기 다른 도움 장치를 제공해야 하기 때문이다.

촉진자 스타일은 강의를 통해 청중의 능력이나 역량을 개발하는 요구를 실현하고자 할 때 필요한 스타일이다. 도움이나 안내를 받으면서 학습하더라도 결과는 청중의 참여를 통해 스스로가 도달할 수 있도록 유도한다. 촉진자 스타일을 구현하려면 학습 활동과 도움장치를 적절하게 설계할 수 있어야 한다. 이를 위해 교수 설계에 대한 지식을 활용할 필요가 있다고 말할 수 있다.

대학원 시절 나의 은사이신 켈러 교수는 내가 아는 대표적인 촉진자 스타일 강사였다. 켈러 교수는 미국 교육공학계에서 동기 분야의 대가로 유명한 분이었다. 그분은 수업에서 자신의 역할을 촉진자로 정의하셨다. 이런 이유로 켈러 교수님은 장시간 강의하지 않으셨다. 일반적인 수업처럼 내용을 전달하고 교과서의 진도를 나가기도 했다.

독특한 것은 내용이 전환될 때마다 학생들이 내용에 맞는 어떤 학습 활

193

동을 실제로 해보는 것으로 마무리했다는 점이다. 그 활동에는 다양한 학습 과제들이 포함되어 있었다. 게임이나 '만화 완성하기' 같은 오락적인 것이 있었다. 브레인스토밍이나 토의 같은 팀으로 하는 활동도 있었다. 미니 발표나 내용을 정리하여 채워 넣는 개인적인 과제도 있었다. 이러한 활동을 수행하다 보면 수업시간이 빨리 지나갔다.

켈러 교수님 수업은 긴장감이 들지 않고 매우 편안한 마음으로 들을 수 있었다. 주 교재 외에 교수님이 직접 만든 학습교재로 수업을 진행하셨기 때문이다. 학습교재는 주 교재의 내용을 이해하기 쉬운 방식으로 조직화한 것으로 교과목의 전반적인 핵심 사항을 잘 파악할 수 있게 만든 것이었다.

나는 그 수업을 통해 학생들의 이해를 도모하는 방식으로 개발된 자료가 매우 중요하다는 것을 깨달았다. 영어로 된 주 교재를 읽기에도 버거운 외국 학생들에게는 너무나 고마운 학습 자료였다. 쉽게 그려진 지도를 가지고 길을 찾는 기분이었으니 말이다. 켈러 교수님은 학습 동기 모형을 만든 분으로 당연히 수업은 동기 고무적이어야 한다고 생각하셨을 것이다. 그래서 자신의 수업에도 적극적으로 동기 전략을 활용하신 것이다.

3. 코치 스타일

코치 스타일은 청중에게 주인의식을 부여하고 스스로 학습 과정을 주도하도록 유도하는 방식을 활용한다. 강사가 가지고 있는 지식과 전문적인 기술은 청중이 요구할 때만 제공한다. 강사는 학습 과정과 결과를 완성하기 위해 함께 협력해가는 코치가 된다. 이러한 코치 스타일의 강사는 청중이 자기 주도적으로 학습을 진행하고 학습 결과도 책임질 수 있다는 사실을 믿어 주어야 한다.

코치로서 강사는 학습 과정에서 동기를 부여하는 역할을 담당할 필요가 있다. 자기 주도적인 방식으로 학습과제를 해결하기 위해 노력하는 과정에서 청중은 많은 어려움을 경험한다. 이러한 어려움에 대한 경험은 자연스러운 통과의례라는 것을 강조할 필요가 있다. '할 수 있다', '결과적으로 해낼 것이다' 등과 같은 고무적인 언어적 표현을 통해 용기를 주는 것도 유익하다. 어려움을 잘 극복하고 성공 경험으로 나아갈 수 있도록 적절한 조언과 컨설팅을 제공하도록 한다.

나는 코치 스타일을 좋아한다. 학생들이 스스로 과제를 완성해가면서 발전하는 모습을 보는 것에 보람을 느끼기 때문이다. 이를 위해 학생들이 자기 주도적으로 수행할 수 있는 과제를 구체적으로 설계해야 한다. 내가 주로 사용한 방식은 프로젝트와 PBL 방식이었다. 프로젝트는 주어진 주제 범위 안에서 어떤 목적적인 결과물을 개발하는 과정을 유도한다. 반면에 PBL은 실제 현실 세계에 존재할 수 있는 문제의 해결책을 찾아가는 과정을 촉진한다.

예를 들어 '교육공학'이라는 교과목은 예비 교사들이 교수 설계 모형을 배우면서 수업을 설계하는 능력을 키우는 것을 중요하다고 본다. 교과목의 목표에 도달하려면 학생들이 교수 설계 모형을 활용하여 수업 자료를 개발하는 경험을 제공하는 과제가 필요하다. 이런 경우 수업 자료라는 목적적인 결과물을 개발하는 프로젝트 과제가 좋다. 학생들이 프로젝트 과제를 수행하면서 유익을 얻으려면 강사가 몇 가지 세심한 준비를 해야 한다.

'전공 영역을 가르칠 수 있는 수업 자료를 개발하라'라는 주제만 제시하면 어떻게 될까? 학생들의 결과물 편차가 커진다. 학생들은 '어떻게 수행하는가?'에 에너지를 소모하느라 정작 초라한 결과물을 제출할 수도 있다. 강사는 프로젝트 주제와 더불어 도움장치가 되는 프로젝트 수행 안내서를 함께 개발해야 한다. 수행 안내서는 디딤돌의 역할을 한다. 학생들이 디디고 올라갈 수 있는 발판을 제공해야 효과적으로 프로젝트를 완성하도록 도울 수 있다.

강의 스타일에는 강사 자신의 강의 철학과 사람을 보는 시각인 인간관 등이 반영되어 있다. 이런 이유로 강의 스타일은 쉽게 바꾸기 어렵다. 그러나 강의 스타일은 변화되거나 발전될 수 있다. 어느 정도 고민을 거쳐 자신만의 강의 철학을 발달시켜라. '청중에게 어떤 강사가 되어주고 싶은가'에 대한 답이 여러분을 더 좋은 강사가 되도록 도와줄 것이다. 강의에 참여하는 청중을 중심으로 모든 것을 고려하는 강의를 만들기 바란다.

| 강의 스타일 비교

1. 전문가 스타일

특성
- 전공 분야에 대한 전문성
- 전공 분야에 대한 실무적인 경험 보유
- 전문지식에 대한 신뢰감 제공
- 전공 분야에 대한 최신의 정보와 트렌드 안내 가능

강의 전략
- 청중과의 다양한 상호작용 시도
- 강의를 쉽게 이해할 수 있도록 돕는 실제적인 데이터와 사례 제공
- 시각적 보조 자료의 활용
- 내용을 효과적으로 구조화하도록 돕는 보조 자료 제공

2. 촉진자 스타일

특성
- 전문지식 제공
- 청중의 학습 잠재력 촉진
- 청중이 학습 과정에 참여함으로써 학습 결과를 도출하도록 도움

강의 전략
- 다양한 과제 연구와 개발
- 도움장치 설계
- 스스로 학습에 참여하는 과정 촉진
- 도움을 받아 학습 과정과 학습 결과를 도출하도록 유도

3. 코치 스타일

특성	• 청중의 자기 주도적인 학습 과정 촉진
	• 학습 과정을 함께 협력하여 완성해가는 코치 역할
	• 청중이 스스로 과제 완성에 도달할 수 있다는 믿음 보유
강의 전략	• 청중의 특정 역량을 개발하도록 돕는 과제 개발
	• 프로젝트 학습이나 PBL 과제 활용
	• 청중의 주인의식 강조
	• 동기 고무적인 역할 제공
	• 과제 수행 안내서 제공

03

품격 있는 강사가 되게 하는
강의 원칙

정 교수는 강의 자료 제작의 많은 부분을 연구원의 도움을 받는다. 풍부한 사례나 최신 트렌드를 확보하기 위해서다. 정 교수의 강의 준비 과정은 자료의 구조를 파악하고 핵심을 숙지하는 것이다. 그러다 보니 강의 자료의 페이지는 많은 대신 설명은 풍부하지 않다. 가끔은 처음 보는 자료 때문에 당황하기도 한다. 그런 자료가 보이면 정 교수는 사담을 시작한다. 강의 자료를 직접 만들지 않은 어색함에서 도피하고 싶기 때문이다.

품격 있는 강사가 되기 위해 가장 기본적인 것은 강사가 직접 강의 자료를 만들어야 한다는 점이다. 그래야 핵심적인 내용으로 자료를 구성할 수 있다.

4장. 강의의 품격을 높이는 8가지 테크닉

필요한 설명을 빼놓지 않고 알찬 강의를 하는 방법이기도 하다. 강의는 완벽에 가깝다고 본인이 생각할 만큼 철저히 준비하는 것을 추천한다. 제대로 준비한 강의인지 아닌지 청중은 쉽게 알아챌 수 있다.

청중이 강의 준비에 대한 강사의 성실함을 파악하면 강사에 대한 청중의 호감도가 높아진다. 강사가 강의하면서 실수를 하더라도 관대하게 반응하게 된다. 그러나 강의에서 실수를 하지 않으려면 예행연습까지 할 필요가 있다. 예행연습의 횟수는 강의 경력에 반비례한다고 말할 수 있다. 초보 강사에 해당할수록 많은 횟수를 연습해야 하고 경력이 쌓일수록 줄어드는 것이 일반적이다.

우선 강의 자료를 한 슬라이드씩 넘기며 속으로 또는 혼잣말로 강의하듯이 말해본다. 이렇게 하는 동안 강의 자료의 구성이나 각 슬라이드의 연결에 있어서 논리성을 자연스럽게 점검하게 된다. 내용 전개를 위해 필요 없는 자료가 발견되기도 하고, 논리적 흐름을 위해 생각하지 못했던 내용이 떠오르기도 한다.

이러한 과정을 수행하지 않으면 실제 강의하는 과정에서 필요 없는 자료 때문에 당황하여 설명을 생략하는 일이 종종 발생한다. 강의 연결이 매끄럽지 않아 말을 딱딱 끊거나 더듬거리는 부자연스러운 실수가 생길 수 있다. 아니면 필요한 자료인데 빠지게 되어 전체적인 강의의 완성도가 떨어질 수도 있다.

전국의 대학교를 대상으로 교수법 세미나를 하러 다니게 된 초기 시절 나도 말로 한 번 해보는 이 과정을 생략하고 강의 준비를 한 적이 있었다. 강의 자료가 제대로 구성되었는지를 생각하며 내용의 논리성만 점검했다. 그런데 눈으로 검토할 때는 괜찮은 연결이었는데 실제로 강의를 하다 보니 앞의 슬라이드의 내용과 반복된 설명을 하는 것이었다. 그래서 설명을 생략하고 다음 슬라이드로 재빨리 넘겼다. 내가 스스로 당황하게 되니 말실수로 이어졌다.

전신거울 앞에 서서 실제로 강의하듯이 연습할 것을 추천한다. 초보 강사라면 이 과정을 반드시 수행할 필요가 있다. 이 과정을 통해 강의 전체의 핵심적인 줄거리를 소화할 수 있게 된다. 강의를 자연스럽게 전개할 수 있는 훈련이 되기도 한다. 특히 시간에 맞춰 강의를 끝낼 수 있도록 말의 속도가 적당한지 효과적으로 파악할 수 있다.

거울을 보면서 강의 연습을 하다 보면 자신의 제스처가 매우 부자연스럽다는 것을 깨닫게 된다. 여러 번 연습하면서 자신에게 자연스러운 제스처를 발견하게 된다. 제스처를 남발하지 않고 꼭 필요한 부분에서 강조하기 위해 선택할 수 있는 안목이 생기게 된다. 연습을 통해 자신의 표정과 어울리는 제스처도 만들어낼 수 있게 된다.

나에게 가장 기억나는 공식적인 프레젠테이션은 박사학위 논문을 심사받던 날에 이루어졌다. 논문 발표를 위해 나는 전신거울 앞에서 10번 넘게 예행연습을 했다. 여러 번 하다 보니 자연스럽게 핵심 내용이 구조적으로 머릿속에 들어왔다. 내가 말하는 속도가 적당한지도 파악할 수 있었다.

내가 자연스럽게 말하듯이 하는지 또는 읽는 것처럼 하는지도 느껴졌다. 처음에는 나도 모르게 이상한 제스처가 나왔다. 여러 번 바꾸면서 어색하던 제스처도 나에게 맞는 것을 찾아낼 수 있었다. 무엇보다 연습을 통한 자신감이 증가하는 것을 경험했다. 발표하는 날 떨지 않고 준비한 것을 매끄럽게 진행할 수 있었다. 연습이 제일 좋은 길이다.

실행하기 쉽지 않지만, 연습을 촬영해보는 것도 효과적인 방법이 될 수 있다. 동영상으로 녹화한 결과물을 관찰함으로써 자신의 강의하는 모습을 객관적으로 분석할 수 있다. 강의의 문제점이 쉽게 보이기 때문에 개선할 점을 찾기가 쉬워진다. 그러나 이렇게까지 하는 강사는 매우 드물 것이다. 대부분은 이렇게까지 할 필요가 없다고 느낄 것이다. 이렇게 하는 방법이 얼마나 효과적인지 모를 수도 있다.

이 방식의 효과는 많은 연구 결과를 통해 이미 증명되었다. 실제로 대학에서 교수 역량을 개발하는 방법으로 활용되고 있다. 사실 비디오로 녹화하여 자신의 모습을 체크한다는 것은 쉬운 일은 아니다. 자신이 생각하지 못했던 모습이나 부자연스러운 진행 과정으로 인해 창피함을 느낄 수도 있다. 그러나 가장 확실하게 강의의 질을 높여주는 방법이기도 하다. 모든 것이 적나라하게 드러나서 무엇을 개선해야 하는지 쉽게 파악할 수 있기 때문이다.

우선 강의의 전반적인 논리적 흐름이 적절한지 쉽게 파악할 수 있다. 부자연스러운 연결이나 불필요한 설명이 이루어지는지 알아차릴 수 있다. 청중과 상호작용하는 과정을 객관적으로 살펴볼 수 있다. 특히 청중을 대상으로 시선 처리하는 방식이나 청중에 반응하는 방식의 문제점을 드러나 보이게 할 수 있다. 청중을 전혀 의식하지 않은 채 강사 혼자서 열심히 강의하는 모습을 보일 수 있다. 말투나 목소리 톤이 적절한지 섬세하게 잡아낼 수 있다.

나도 녹화된 비디오를 점검하면서 강의할 때의 문제점을 찾아낸 적이 있다. 공과대학 교수들을 대상으로 PBL 교수법 세미나를 몇 번 진행하면서 알게 된 사실이다. 세미나는 보통 1시간 30분 정도에 이론과 적용된 사례 및 수업 적용 방법 등을 밀도 있게 구성해서 진행해야 한다. 진행 속도나 내용 전개는 문제없이 매끄러웠다. 그런데 말을 시작할 때마다 나도 모르게 '자, 그래서' 또는 '자, 다음은'이라고 '자'라는 말을 계속 붙이는 것이었다.

학생들을 대상으로 설명하던 말의 습관이 그대로 드러난 것이었다. 대상이 달라지면 말의 표현 방식이 달라져야 한다. 나의 의도는 아니었지만, 교수들에게 학생들 대하는 것 같은 느낌을 주었을지 모르겠다. 어쨌든 난 이 기회를 통해 내가 필러(filler, 군더더기 말)를 사용한다는 사실을 확실히 알게 되었다. 그리고 몇 번 정도 세미나를 진행하면서 잘못된 버릇을 인식하여 의도적으로 고칠 수 있었다.

지인인 홍 교수는 '교수학습개발센터'에 강의 컨설팅을 요청했다. 강의 평가점수가 너무 낮았기 때문이다. 컨설팅을 받기 전에 학생들이 자신의 강의를 좋아하지 않는다는 사실을 어느 정도 눈치채고 있었다. 정확한 이유가 무엇인지 몰라 홍 교수는 용기를 낸 것이다. 강의하는 모습을 비디오로 녹화한

203

후 결과물을 확인했을 때 홍 교수는 적잖이 놀라고 말았다.

비디오 속의 홍 교수는 시종일관 똑같은 목소리 톤으로 정말 혼자서 한 곳만을 응시하며 강의하고 있었다. 홍 교수는 강의하는 것을 싫어하면서 강의하는 사람 같았다. 홍 교수는 머리에 방망이를 맞은 느낌이 들었고 이건 아니다 싶었다. 홍 교수는 컨설팅을 통해 몇 가지 강의 원칙을 배워 자신의 강의를 개선하게 되었다. 강의 평가결과가 좋아진 것은 당연한 결과이다.

비디오 체크를 통해 얻게 되는 가장 큰 이점은 문제점을 개선하면서 강의하는 데 자신감이 생긴다는 것이다. 다른 일도 마찬가지지만 강의하는 일은 특히 자신감이 중요하다. 강의를 잘할 수 있다는 믿음이 없이 강단에 오르면 강사의 불안감이 그대로 청중에게 전달된다. 청중도 같이 불안해져서 강의 분위기가 다운될 수 있다.

강의의 전반적인 과정을 설계하고 자료를 개발하는 일도 사실은 자신감 향상에 도움이 되기 때문에 반드시 할 필요가 있다. 나의 경우 강의 자료를 만족스럽게 개발해도 자신감이 생긴다. 초보 강사라면 미리 연습해보고 문제점을 개선하기 위해 노력하는 과정을 통해 자신감이라는 큰 무기를 선물로 받게 될 것이다. 그러니 아무리 강조해도 연습은 지나치지 않는 강의 준비 과정이라고 말할 수 있다.

사범대학에 재학 중인 예비 교사를 대상으로 '마이크로티칭'을 연구한 결과물에 따르면 예비 교사들이 비디오 체크를 통해 얻는 효과는 여러 가지다.

강의 과정에서 보이는 장점 및 단점을 객관적으로 분석하고 개선하기 위한 기회를 찾는다. 이는 자신의 수행 과정에 대한 반성적 실천을 하는 것이며, 이는 전문가가 문제 해결적으로 접근하는 방식과 매우 비슷하다. 이는 결국 강의에 대한 많은 경험이 없더라도 자신의 강의 모습을 직접 보는 것만으로도 강의 경험이 많은 전문 강사와 같은 실천 방법을 체득할 수 있다는 가능성을 시사한다.

예비 교사들은 강의를 잘하기 위해서 체계적인 준비 과정이 필요하다는 사실을 절감했다고 보고했다. 철저한 준비 없이 강의를 잘하는 일은 불가능하며, 강의는 프로정신을 가지고 도전해야 하는 일임을 알게 되었다고 했다. 강의를 구성하는 부분에서부터 목소리와 말하는 속도 등 고려해야 할 항목이 매우 많다는 것을 지적하면서 자신의 전문성 향상을 위해 장기적으로 노력할 필요가 있다고 토로하기도 했다.

비디오 체크를 할 때 한 가지 중요한 팁은 믿을 수 있는 사람에게 도움을 청해 함께 결과물을 분석해야 한다는 것이다. 믿을 수 있는 사람이란 나의 성장을 믿고 지원해주는 사람이다. 나의 발전에 관심이 없거나 나에 대해 부정적인 시각을 가지고 있는 사람에게 비디오를 보여주지 마라. 비디오 체크를 하는 중요한 목적은 문제점에 대한 개선이고 질 향상이다. 부정적인 사람은 나의 기를 꺾을 것이고 발전적인 조언을 하지 않을 것이다. 믿을 수 있는 사람이 관찰자가 되어줄 때 모든 면에서 성장하는 강사로 거듭날 것이다.

205

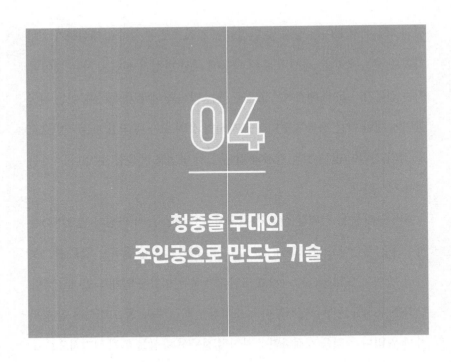

04

청중을 무대의
주인공으로 만드는 기술

　어머니가 자녀의 입맛과 영양을 고려하여 정성껏 만든 엄마표 요리가 하나쯤은 있을 것이다. 내가 어떤 맛을 좋아하는지를 정확하게 알고 만든 요리라 내 입맛에 꼭 붙는 그런 음식 말이다. 이런 음식을 먹으면 영양분을 얻어 힘이 나면서 기분까지 좋아진다. 이 음식의 주인공은 나이기 때문이다. 나에게 이런 음식이 닭죽이다. 어머니의 닭죽은 설컹설컹 씹히는 부드러운 닭고기와 향기로운 부추의 냄새가 진동하는 풍부한 맛을 가졌다.

　마찬가지로 강의도 청중에게 영양 가득한 음식이어야 한다. 이러한 의미에서 청중은 강의 무대의 주인공이 된다. 강사가 제공하는 음식을 먹는 바로 그 대상이기 때문이다. 청중이 강의장에 앉아 있다는 것은 바로 청중이 필요로 하는 지식이나 정보가 있다는 뜻이다. 청중이 강의를 들으면서 '이 강의는 나를 위한 강의야.' 또는 '이 강의는 나에게 정말 도움 되는 강의야.'라고 생각하도록 만들 필요가 있다.

청중이 자신을 위한 강의라고 느끼게 하려면 강의 시작 전에 왜 본 강의가 청중에게 유익한지를 짧게 설명하는 것이 좋다. 이 방법은 강의 목차를 제시할 때 활용하면 효과적이다. 강의 목차를 통해 전체적인 내용을 브리핑하면서 '이러이러한 내용을 담고 있어 여러분은 이러한 도움을 얻으실 겁니다.'라는 말로 청중의 기대감을 불러일으키는 것이다. 청중은 강의 내용과 자신의 필요에 대한 연결고리를 발견할 때 강의 내용에 대한 관련성 인식이 높아진다. 이는 강사와 청중 사이에 래포를 형성하는 효과를 가져온다.

나는 대학에서 강의를 진행하면서 1주 차에 강의계획안을 설명하는 날을 매우 중요하게 생각했다. 수업 전날 수강 신청한 모든 학생을 대상으로 '중요한 날이니 꼭 참석해주세요.'라는 문자 메시지를 따로 보낼 정도였다. 왜냐하면, 1주 차는 강의 전반에 대한 구조를 설명할 뿐만 아니라 강의를 통해 얻게 되는 다양한 가치를 강조하는 날이기 때문이다.

학생들이 배양하게 될 능력과 기술이 무엇인지 구체적으로 설명한다. 단지 지식을 습득하고 암기하는 과목이 아니며 과제를 수행하면서 문제 해결 능력과 비판적 사고력 등과 같은 다양한 능력을 개발할 수 있음을 안내한다. 팀으로 함께 상호작용하며 매주 학습 결과물을 도출해 내는 협업이 중요하

207

다고 강조하기도 한다.

강의를 통해 학생들이 얻게 되는 유익을 동기 고무적으로 전달하려고 노력한다. 학생들의 성장을 바라는 진심을 담아 설명한다. 학생들이 강사의 열정을 읽어낸다. 그리고 강사의 열정만큼 자신이 듣는 강의가 자신에게 매우 유익할 것임을 기대한다. 실제로 이런 오리엔테이션을 한 후 수업을 진행하면 학생들의 태도가 매우 좋아지는 것을 경험한다. 학생들은 열심히 수업에 참여하며 주어진 과제를 성실하게 수행한다.

청중에게 도움이 되는 강의를 하려면 청중의 미래 욕구를 해소할 수 있는 내용을 강의에 포함하는 것이 좋다. 강의 주제와 내용이 미래에 어떤 가치를 가지고 활용될 수 있는지 어필하는 것이다. 강의 내용이 미래의 삶에 왜 도움이 되는지 강조할 필요가 있다. 그리고 어떻게 하면 활용도를 높여 가치를 창출할 수 있는지에 대한 아이디어를 소개할 수도 있다. 이를 통해 강의 내용에 대한 청중의 관련성 인식이 매우 높아진다.

'교육 방법 및 교육공학'이란 교과목에서 강의하기 쉽지 않은 주제가 '교수 설계 모형과 절차'에 대한 것이다. 학생들이 그 유용성을 경험해보지 않은 상태에서 어려운 내용을 배우니 동기가 저하될 수밖에 없다. 학생들의 관련성 인식을 높이기 위해 나는 본 내용에 들어가기 전 교수 설계에 대한 지식이 얼마나 유용한지에 대해 강조한다. 교수 설계에 대한 이점과 활용 가치를 다양한 예를 들어 설명한다. 현직 교사들을 인터뷰한 영상까지 보여주기도 한다. 그러면 학생들에게 동기 부여가 되어 강의하기가 훨씬 수월해진다.

청중이 현재 가지고 있는 문제를 파악하고 해결하는 방법을 강의 내용에 포함하는 것이 좋다. 또는 강의 초반에 문제를 던져주고 강의 내용을 들으면서 문제의 답을 찾아내는 방식도 효과적이다. 어쨌든, 청중이 자신과 구체적인 관련이 없는 객관적 내용을 듣는 것이 아니라는 것을 일깨워주어야 한다. 이를 위해 청중에게 관련 있는 문제를 발견할 수 있도록 도울 필요가 있다. 강의 내용을 통해 문제에 대한 해결책을 찾는 활동은 강의 내용에 대한 청중의 주인의식을 높이는 효과를 제공한다.

대학생들을 대상으로 '목표 설정과 시간 관리'라는 특강을 진행한 적이 있다. 나는 강의를 시작하기 전에 미리 설문지와 그래프가 들어 있는 문서를 제공했다. 설문지는 학생들이 자신의 시간을 어떻게 활용하고 있는지를 파악할 수 있도록 도와주는 문항으로 구성되었다. 학생들은 설문 결과를 바탕으로 그래프에 자신의 시간 활용 실태를 분석하도록 고무되었다.

학생들이 자신의 시간 관리 현황을 객관적인 데이터로 파악하면서 뭔가 시간 활용에 문제가 있다는 사실을 깨닫는다. 자신이 처리해야 할 다양한 과제는 많은데 시간 배분이 효과적이지 않은 것이다. 어떤 학생은 자신도 모르게 낭비되는 시간이 많다는 것에 깜짝 놀라기도 한다. 나는 학생들이 자신의 문제를 해결하기 위하여 적용해야 하는 방법을 중심으로 강의 내용을 전개했다. 문제를 인식하고 난 후 강의를 들으니 학생들의 눈이 반짝인다.

청중이 자신을 위한 강의라고 생각하도록 유도하는 방법은 강의 내용에 청중의 삶에 적용할 수 있는 구체적인 방법들을 제공하는 것이다. 대학생들을 위한 '팀워크' 강의라면 대학생들이 교과목에서 팀 과제를 하면서 활용할 수 있는 전략을 알려주어야 한다. 직접 실천할 수 있는 구체적인 기법을 안내해야 한다. 청중의 필요를 맞춤식으로 충족시키는 실천 전략을 제공할 때 청중은 '나를 위한 강의'라는 생각을 한다.

더불어 청중이 생활 가운데 모방할 수 있거나 그대로 따라 할 수 있는 역할 모델을 제공하면 더욱 효과적이다. 많은 경우에 역할 모델은 사람이나 사람의 사고방식 및 행동 양식이 될 수 있다. 특정 사고방식이나 사고체계를 담은 어떤 도구나 문서 양식이 될 수도 있다. 이러한 역할 모델의 효과는 양식에 나온 대로 따라 하면서 활용 노하우를 자연스럽게 터득할 수 있다는 것이다. 노력은 조금 하는데 나의 방식으로 빨리 내면화할 수 있으니 만족감이 높아진다.

예를 들어 대학생을 위한 팀 운영 전략이란 소주제에서 '팀 커뮤니케이션 스킬'을 다룬다고 가정하자. 이런 경우 팀 커뮤니케이션 스킬에 대한 내용을 설명할 뿐만 아니라 체크리스트와 같은 도구를 제공한다. 학생들이 팀을 위해 활용해야 할 스킬에 대해 빨리 숙지할 수 있도록 돕는다. 실제적인 양식을 보면서 학생들은 팀을 위해 어떻게 활용해야 할지 고민하고 쉽게 따라 한다.

이러한 관점에서 청중을 주인공이 되게 하려면 청중을 위한 다양한 역할 모델을 발굴하고 개발할 필요가 있다. 역할 모델의 효과는 청중이 특정 사고체계나 양식을 모방하도록 도울 수 있다. 역할 모델을 따라 하면서 배워야 할 특정 사고나 기술을 쉽게 연습할 수 있게 된다. 강사는 다양한 형태의 양식이나 문서를 개발하기 위해 노력할 필요가 있다. 그저 말로만 전달하는 강의가 아니라 청중이 강의 내용을 소화할 뿐만 아니라 새로운 방식의 사고체계도 훈련해볼 수 있는 풍부한 강의를 제공할 필요가 있다.

청중에게 실전의 기회를 제공하는 것도 중요하다. 직접 강의 과정에 참여한 경험은 강의를 매우 주관적으로 느끼게 한다. 토의나 토론과 같은 상호작용하는 활동이나 발표나 스피치와 같은 언어 활동은 가장 일반적인 참여 활동이 될 수 있다. 이러한 활동은 청중을 능동적인 참여자로 만들어준다. 모든 일에서 능동적인 참여자가 될 때 우리는 주인공이라고 느낀다.

나는 실제로 한 학기 강의를 위해 많은 자료를 개발한다. 학생들이 필요한 역량을 개발할 수 있도록 최적화된 과제를 개발한다. 매주 학습 내용의 유형에 따라 재미있게 설계된 다양한 활동지들과 이해를 돕는 보조 학습 자료들 등 종류가 많다. 시간과 정성을 들여 이러한 자료들을 개발하는 이유는 학생들이 수업에서 주인공이 되도록 돕기 위함이다.

실제로 학생들은 내가 준비한 자료들을 활용하여 토의와 토론 활동에 적극적으로 참여한다. 강의가 끝나고 성찰 일기를 통해 비판적 사고력이나 커

211
___

뮤니케이션 능력을 기를 수 있었다고 보고하는 경우가 많다. 학생들은 일방적인 강의 내용의 전달을 통해 배우는 것보다 더 많은 능력을 얻는다. 이러한 성장을 지켜보는 나의 즐거움이 더 크다.

▎청중을 무대의 주인공으로 만드는 기술 정리

1. 관련성 높이기

- 강의 내용이 어떻게 현재의 삶에 도움이 될 것인지 설명한다.
- 강의 내용이 미래의 삶에 어떻게 도움이 될 것인지 설명한다.
- 전공 교과목의 경우, 전공지식이 현장에서 어떻게 활용 가능한지 예를 들어 설명한다.
- 이미 알고 있는 것과 새로운 지식과의 연결고리를 제공한다.
- 실제로 삶에 적용할 수 있는 다양한 롤모델을 제공한다

2. 자신감 높이기

- 강의를 통해 획득할 수 있는 분명한 목표를 제공한다.
- 청중이 적절한 노력을 통해 도달할 수 있는 강의 목표를 제공한다.
- 목표에 도달하기 위한 과정과 방법을 안내한다.
- 강의 내용의 수준이 너무 높거나 낮지 않은 적절한 수준이어야 한다.
- 평가가 있다면 명확한 평가 기준을 제공한다.
- 청중에게 의미 있는 경험을 제공하는 유익한 과제를 제공한다.
- 과제 수행 절차는 작은 단계로 쪼개어 구체적으로 안내한다.
- 청중이 해야 하는 노력의 정도를 예측할 수 있도록 돕는다.

참고 : 「ARCS Model」, J.M. Keller(1983)

05

강의 시작 5분 안에
청중을 사로잡는 기술

청중에게 강의 시작은 강의실에 앉아 실제 강의를 듣게 되면서부터지만 강사에게 강의의 시작은 강의를 준비하는 순간부터다. 좋은 강의로 청중에게 도움이 되고 싶다는 마음가짐을 가지고 강의를 준비하는 것이 좋다. 그러면 강의를 준비하면서 청중의 요구에 맞는 내용이나 에피소드가 더 잘 떠오른다. 일관성 있게 이런 마음가짐으로 강의 준비를 하다 보면 긴장감보다 기대감이 든다.

이는 실제로 내가 강의하기 전 사용하는 방법이다. '어떻게 하면 청중이 내용을 쉽게 이해할 수 있을까?', '어떻게 하면 청중이 많은 것을 얻어갈 수 있을까?'를 고민하면서 강의 자료를 개발한다. 정해진 내용이 있다고 할지라도 절대적으로 청중에게 도움이 되는 강의를 준비하려고 노력한다. 이러한 마음으로 준비한 강의이기 때문에 강의하는 시간이 기대되고 설렌다. 강의하러 가기보다는 강의에 참여하는 사람들을 도우러 간다고 생각하기 때문이다.

이러한 관점에서 강의를 준비하는 시간은 긍정적인 에너지를 비축하는 기간이라고 생각해도 좋다. 강사는 언어라는 수단을 통해 전달하지만, 청중은 강의를 통해 강사의 생각이나 감정 또는 가치관 등을 감지할 수 있다. 그만큼 언어를 통해 전달되는 사람의 에너지는 강력하다. 이것은 나의 오랜 강의 경험으로 깨달은 사실이다.

강사의 에너지는 첫인상에 영향을 미친다. 우선 강사의 외모에서 풍기는 첫인상에 호감이 가야 한다. 우선 복장이나 용모가 단정하고 차분하여 청중에게 안정감을 주어야 한다. 자신감 있는 에너지를 발산하면서 밝은 표정을 지니고 있어야 한다. 표정이 무겁거나 단호해 보이면 무섭게 느껴질 수 있다. 무표정이거나 청중에게 무관심하게 보이면 청중을 무시하는 사람으로 해석될 수 있다. 첫인상은 강의하는 날 준비하는 것이 아니라는 점을 고려해둘 필요가 있다.

강사는 강의 시작 5분이나 10분 전에 강의장에 도착하는 것이 좋다. 청중이 다 오지 않은 상황이어도 미리 도착해 청중을 편안하게 느낄 수 있는 마음의 준비를 한다. 미리 온 청중이 있다면 말을 걸어본다. 강의 준비하면서 분석한 청중의 특징이 맞는지 확인해보는 질문을 살짝 던질 수도 있다. 이러한 과정을 통해 청중과의 친밀감을 증대시키고, 강의 시작 전 안정감을 느낄 수 있도록 노력한다.

강의를 시작하면서 하는 자기소개는 짧고 간결하게 하는 것이 좋다. 자신의 이름이 독특하여 이름에 유머를 넣어 재미있게 소개할 수도 있다. 그러나 일부러 만들어서 그렇게 할 필요는 없다. 만들려고 하다 보면 이상한 자기소개가 될 수 있다. 장황한 자기 경력 소개로 시작하는 것은 청중에 대한 예의가 아니다.

자신이 얼마나 대단한 사람인지 굳이 어필하려고 노력할 필요가 없다. 이러한 시도는 강의 시작부터 청중에게 거부감을 줄 수 있다. 강사는 강의로 승부를 보아야 한다. 강의가 끝나고 청중은 강사의 진짜 실력을 저절로 알게 된다. 그러므로 자기소개는 가능한 간략하고 깔끔하게 해야 한다.

강의 목차를 소개하고 나면 진짜 강의가 시작된다. 여기부터 가장 중요한 요소는 강사의 자신감이다. 강의가 끝날 때까지 자신감을 유지하도록 노력해야 한다. 사실 강의의 승패는 자신감 싸움으로 결정된다고 해도 과언이 아니다. 청중 분석에서부터 모든 강의 준비 과정을 성실히 수행할 때 자신감이 생긴다. 강의 자료를 목적에 맞게 개발했을 때 자신감이 추가된다. 예행연습을 통해 자신감이 배가 된다.

자신만만 기적의 강의 비법

강의 시작 5분 안에 청중을 사로잡기 위해 본 내용의 시작 부분에 호기심을 유발하는 자료를 사용하는 것이 좋다. 청중이 강의 주제에 집중할 수 있기 때문이다. 일반적으로 사람들은 처음 보는 그림이나 사진, 또는 동영상과 같은 시청각적인 자료를 보면 '저건 무엇이지?'라고 궁금해하며 알고 싶어 한다. 특히, 새로운 것이나 신기한 내용을 보면 자연스럽게 호기심이 발동한다.

내가 강의에서 제일 많이 사용하는 방법은 동영상을 보여주는 것이다. 이 방법은 강의 내용에 적합한 동영상을 찾는 노력이 수반되어야 한다. 적합한 동영상이란 강의의 핵심 주제를 소개하는 내용이어야 한다. 또는, 강의 내용을 이해할 수 있도록 생각의 전환을 돕는 것이어야 한다. 어떤 것이든 강의에 대한 호기심을 증폭시키는 역할을 해야 한다.

예를 들어, 교수 대상으로 PBL 세미나를 준비하면서 '이제 학생들은 지식의 습득만으로는 이 세상을 살아갈 수 없습니다. 앞으로는 문제 해결 능력과 같은 고차적인 능력을 개발해야 합니다.'라는 메시지를 담은 동영상을 보여주고 싶었다. 유튜브를 검색하여 적절한 자료를 찾아냈다. 동영상은 〈21세기의 학습〉으로 내가 의도한 과거와 미래의 비교를 통해 고차적인 능력을 소유한 학생들을 양성해야 할 필요성을 제기하였다.

동영상은 옛날의 교실 환경과 지금의 최첨단 교실 환경을 비교하면서 지금의 직업 환경이 어떻게 변화되었는지를 보여주었다. 다양한 신기술의 출현과 함께 다양한 능력이 필요함을 안내하였다. 이 동영상은 교수들이 '그렇지.

217

다른 세상이 되었지. 그렇다면 우리도 다른 교수법을 활용하는 것이 맞아.'라고 생각하도록 유도하기에 충분했다. 실제로 강의가 끝나고 추가 질문을 하고 싶어 하던 교수들이 나를 기다렸다가 도입부 동영상 내용이 매우 효과적이었다고 알려주었다.

호기심을 자극하는 다른 시청각 자료는 주제와 관련된 실제 일어난 사건을 소개하는 것이다. 특히, 실제로 일어난 사건인데 자세한 내막을 모르거나 새로운 각도로 재해석한 내용을 접할 때 호기심이 유발된다. 주제와 관련하여 일상생활에서 실제 일어났던 일이라는 사실만으로 청중은 집중하게 된다. 실제 일어난 일이라는 현실 세계에 대한 인식이 앎에 대한 순수한 호기심으로 전환되기 때문이다.

학생들을 대상으로 '문제 해결 능력'이란 주제를 강의할 때 나는 미국의 챌린저호 사건을 활용했다. 디스커버리 채널에서 방영된 적이 있는 챌린저호 사건에 대한 다큐멘터리 동영상이 있었다. 챌린저호의 발사 준비 과정, 탑승하는 승무원, 챌린저호가 발사된 지 얼마 되지 않아 폭파하는 장면 등을 보여주자 학생들은 집중했다. 학생 중에는 관련 내용을 잘 알고 있는 학생도 있었고, 그렇지 않은 학생도 있었다. 그러나 이 사건이 실제로 일어났던 사실이라는 것만으로 학생들은 이미 눈을 반짝이며 동영상에 빠져들었다.

이후 강의를 하는 내내 나는 학생들의 집중력에 깜짝 놀랐다. 학생들은 눈으로 '챌린저호 동영상은 왜 보여주셨나요? 오늘 강의와 어떤 관련이 있나요? 자세히 알고 싶어요.'라고 말하는 것 같았다. 강의가 끝난 후 챌린저호 사건에 대한 다양한 보조 자료를 제공했다. 활동지를 통해 사건과 관련된 다양한 이해 관계자들의 대처 방법에 대해 정리하도록 유도했다. 그다음 각기 다른 이해 관계자가 되어 어떻게 문제 해결 과정을 실천할 것인지 토론하도록 했다. 당시 학생들의 토론 열기가 뜨거웠던 것을 기억한다.

호기심을 유발하는 또 다른 방식은 청중에게 인지적 모순과 갈등을 일으키는 이야기나 사건을 제시하는 것이다. 인간은 자신이 현재 알고 있는 것과 모르는 것 사이의 차이를 발견하면 그 차이를 줄이려고 자연스럽게 동기화된다. 자신이 알고 있던 지식을 대체하는 새로운 관점의 아이디어와 마주칠 때 현재 자신이 알고 있는 지식을 보완해야 할 필요성을 느끼게 된다.

대학생을 대상으로 하는 팀워크 강의의 도입 부분에서 한 팀의 사례를 인터뷰한 동영상을 찍어 보여주었다. 그 팀은 내 강의를 통해 팀워크를 배운 후 다른 교과목 강의에서 팀워크 전략을 실천했던 경험이 있었다. 그 팀은 팀워크는 매우 좋았지만, 결과물 도출에 그다지 성공적이지 못했다.

팀은 역할 분담 후 자신의 개인 역할에 모든 팀원이 성실했다. 회의록을 쓰면서 효과적으로 시간 관리를 했고, 개인을 위한 보상 시스템도 설정하여 팀의 만족도를 추구했다. 모든 팀원이 팀 작업이 좋았고 성공적이라고 생각했다. 그런데 팀 작업을 통해 완성해야 했던 결과 보고서 평가에서 좋은 점수를 받지 못했다.

원인 분석을 통해 팀원들은 다음과 같이 이유를 설명하고 있었다. 팀은 동료들이 자신의 능력을 바탕으로 각기 다른 역할을 하도록 역할 분담을 했다. 그리고 각자 자신이 맡은 역할을 충실히 수행했고, 모든 팀원이 함께 열심히 했다는 것을 인정했다. 강의를 통해 알게 된 회의록과 보상 시스템을 활용하여 팀의 에너지가 낭비되지 않도록 효과적으로 관리를 했다.

그런데 한 가지 놓친 것이 있다는 것을 나중에 깨닫게 되었다. 그것은 바로 팀원들을 위한 희생이었다. 팀원들은 자신이 맡은 역할은 충실히 했지만 다른 팀원들의 어려움과 고충은 파악하지 못했다. 다른 팀원들이 자신의 역량을 발휘하도록 돕는 활동이 빠져 있었다. 리더 역할을 맡았던 학생이 다음과 같이 말하며 동영상을 마무리했다. "결과물까지 우수하려면 내가 맡은 역할뿐만 아니라 다른 팀원을 돕는 역할을 할 수 있어야 해요. 내가 더 많은 양의 일을 하더라도 기꺼이 감당하는 희생정신이요."

학생들은 호기심 가득한 얼굴로 동영상을 보았다. 동영상에서 학생들이 말하는 내용을 부분적으로는 이해할 수 있었지만, 구체적으로 무슨 뜻인지 알지 못했다. 학생들에게 익숙하지 않은 회의록과 보상 시스템과 같은 몇 개의 단어로 인해 인지적 갈등이 일어났을 것이다. 팀워크의 개념에 왜 희생정신이 들어가는지 이해하기 어려웠을 것이다. 이러한 모순적인 상황이나 단서를 강의 도입 부분에 활용함으로써 학생들이 본 강의 내용에 몰입할 수 있도록 도울 수 있었다.

| 호기심 높이기 전략 활용한 강연 예시

삶에는 행복보다 중요한 것이 있다

에밀리 에스파하니 스미스(Emily Esfahani Smith)의 '삶에는 행복보다 더 중요한 것이 있다'란 주제의 테드 강연은 높은 조회 수로 유명하다. 그는 『어떻게 나답게 살 것인가(The Power Of Meaning)』의 저자로, 저서의 주요 내용을 편집하여 강연했는데 제목과 주요 내용이 신선하게 다가왔다. 강연을 들은 청중은 지금까지와는 다른 각도의 삶에 대해 성찰할 수 있었을 것이다. 연사는 행복보다 더 중요한 것을 4가지 제안했는데 내용은 다음과 같다.

1. 유대(Belonging)　　　 사랑의 마음으로 주변 사람들을 대하는 것
2. 목적(Purpose)　　　　 자신의 강점을 이용해 다른 사람을 돕는 것
3. 초월(Transcendence)　 더 높은 것과 연결된다는 경험
4. 이야기(Storytelling)　　 자신의 경험에서 온 이야기를 수정하고 재해석하고 재구성하는 것

사실 강의의 주제는 '의미 있는 삶을 만드는 요소 또는 방법'에 가깝다. 또는, '삶을 더 행복하게 만드는 요소'라고 해도 무방하다. 우리가 지금까지 관심을 가졌던 행복의 연장 선상에서 내용을 전개해도 괜찮을 것 같다. 그런데 연사는 행복과 비교하며 내용을 전개해나갔다. 즉, '행복과는 다른 가치'라는 전제로 어필한 것이다. 이러한 접근도 인지적 갈등을 유발하는 전략이다. 청중의 호기심을 자극한다. 호기심은 강연 내용에 몰입하게 만든다.

│ 강의 시작 5분 안에 청중을 사로잡는 기술 정리

호기심 끌어내기

- 오감을 자극하는 자료를 도입부에 활용한다.
- 호기심을 자극하는 동영상이나 시각 자료를 제공한다.
- 실제 일어난 일이나 사건을 활용한 예를 제공한다.
- 모순적인 상황을 통해 인지적 갈등을 유발한다.
- 탐구적 사고를 유도하는 질문을 활용한다.
- 풀어야 할 문제를 도입부에 제시하고 답을 찾도록 유도한다.
- 게임이나 역할 모의와 같은 오락적인 요소를 제공한다.
- 과하지 않은 적절한 유머를 활용할 수 있다.
- 유머가 담긴 만화나 스토리를 제공할 수 있다.

참고 : 「ARCS Model」, Keller, J.M.(1983)

자신만만 기적의 강의 비법

06

강의 내내
청중을 내 편으로 만드는 기술

강의가 진행되는 동안 청중이 강의 내용에 매 순간 온전히 집중하기를 바라기는 어렵다. 청중을 강의로 끌어오려면 적절한 구성으로 내용이 바뀌면서 전환이 일어나야 한다. 청중이 끝까지 강사에게 호감을 유지하면서 강의를 듣게 만드는 것도 필요하다. 더구나 강의가 끝나고 청중이 강의에 만족감을 드러낼 수 있도록 만든다면 이보다 더 좋은 강의는 없을 것이다.

강의의 전환이 필요할 때마다 청중을 쉽게 강의로 끌어들이는 가장 쉬운 방법은 질문을 사용하는 것이다. 청중의 다양한 사고 과정을 촉진하는 질문을 활용하는 것이 좋다. 하나의 아이디어를 제공하고 청중이 창의적인 다양한 아이디어를 과감하게 끌어낼 수 있도록 유도하는 것이다. 자신의 경험을 바탕으로 아이디어를 낼 수 있는 질문을 제공하는 것이 효과적이다.

예를 들어 '팀 운영 규칙'에 대해 설명을 하기 전에 '좋은 팀 운영 규칙에는 어떤 것이 있을까요?'라고 질문하는 것이다. 또는 '여러분이 경험한 효과적인 팀 규칙으로는 어떤 것이 있나요?'라고 물을 수도 있다. 청중은 자신의 경험에 근거하여 다양한 반응을 보이며 답이 맞는지 다음 강의 내용에 집중하게 된다.

좋은 질문의 다른 예는 비판적 사고력을 자극하는 질문이다. 근거가 부족한 글이나 정보의 오류를 담고 있는 시나리오를 제공하고 청중에게 어떻게 생각하는지를 묻는다. 청중이 근거를 제시하여 반대 의견을 낼 기회를 제공하는 것이다. 부족한 정보를 추가하여 시나리오가 담고 있는 잘못된 정보를 찾아내도록 유도할 수 있다. 이러한 질문을 통해 청중이 다양한 사고 과정을 경험하도록 촉진하기 때문에 강의 내용에 빨리 몰입하도록 도울 수 있다.

다른 유형의 좋은 질문은 단답형의 답을 끌어내는 퀴즈 형식이 아니라 탐구적 사고를 자극하는 질문이다. 질문에 답하기 위해 지식이나 정보 또는 증거를 찾게 만드는 질문이다. 또는 '왜 그래야 하는가?', '어떻게 해결할 수 있는가?'와 같은 사고 과정을 요구하는 질문이다. 이런 질문에 답하기 위해 청중은 다양한 발산적 사고를 하게 된다. 열린 마음으로 사고를 하다 보면 강의 내용과 연결지으며 자연스럽게 집중하게 된다.

예를 들어 '팀의 운영 규칙'에 대해 다루면서 동료 평가에 대해 '왜 동료 평가 제도가 필요한가요?'라고 질문을 던진다. 또는 '동료 평가 제도를 도입하면 어떤 점이 유용할까요?'라고 물을 수도 있다. 이 질문에 답하기 위해 청중은 자신의 팀 프로젝트 과정을 떠올리며 자신의 경험을 분석한다. 팀원의 각기 다른 기여도에 대한 평가가 없었을 때 발생한 불이익이나 불공정함을 기억하며 논리를 만들기 위한 사고 과정을 경험하게 된다.

강의를 진행하면서 서로 다른 접근법으로 3번 정도 강의 과정의 변화를 구사하는 것이 좋다. 처음에 강의로 내용을 전달하고, 팀별 협력학습으로 생각을 정리하도록 유도한 다음 찬반 토론을 통해 토론 활동에 참여하게 한다. 동영상을 보면서 문제를 파악하고 팀별 협력학습으로 문제를 풀고 해결안을 발표하게 한다. 강의에 내용을 전달하는 활동으로만 채워선 다이내믹한 강의가 되지 않는다. 강의 내내 청중을 바쁘게 만들어야 한다. 그래야 청중이 강의에 쉽게 몰입할 수 있다. 몰입을 경험할 때 청중은 만족감을 느낀다.

청중의 참여를 유도하는 다양한 활동을 제공할 수 있다. 이러한 활동은 학교 교육에서 실습과 같은 역할을 하며 청중에게 직접적인 경험을 제공한다. 학습 활동의 종류는 다양하다. '정보를 제공하고 분석하는 활동'이나 '배운 것을 다른 방식으로 적용해보는 활동' 등은 고차적인 인지 능력을 훈련하는 대표적인 활동이다. '토의를 통해 의견을 모으는 활동'이나 '자유롭게 아이디어를 내는 활동' 등은 의사소통 기술을 높이는 활동이다.

225

이러한 활동은 강의 자료를 구성할 때 함께 고안되어야 한다. 다양한 학습활동을 개발할 수 있으려면 교수법 또는 학습법을 주제로 한 내용을 공부할 필요가 있다. 다양한 교수 방법에 대한 시도 없이 청중에게 도움이 되는 효과적인 강의를 제공하는 것은 어려울 수 있다. 학습 활동을 활용하지 않으면 혼자서 일방적으로 진행하는 지식 전달식의 강의를 하게 된다.

어떤 종류의 강의든 강의는 커뮤니케이션 과정이다. 내가 전달한 지식이나 메시지가 청중에게 맞게 코딩되어야 한다. 또한, 청중의 '좋아요. 알아들었어요.'라는 반응이 있어야 한다. 그런 과정이 일어나지 않는 강의는 좋은 강의가 아니다. 그렇다면 다양한 학습 결과물의 효과를 연구할 필요가 있다. 새로운 학습을 구현하려는 연구와 노력에 따라 청중은 강사의 리듬에 맞춰 즐거운 춤을 출 수 있게 된다.

청중을 내 편으로 만들기 위해 청중의 내재적 동기를 자극하는 것이 필요하다. 청중이 외적인 자극에 의해서가 아니라 자기 내적으로 유능감을 경험하도록 도울 필요가 있다. 청중은 강의를 통해 내가 능력 있는 사람이 될 수 있다는 기대감을 받아야 한다. 이를 위해 강의는 청중의 성장과 발전을 고무하는 가치 있는 내용을 포함할 필요가 있다.

강사는 강의 준비에 최선을 다할 필요가 있다. 강사가 강의 무대의 주인공이라고 생각하지 않기를 바란다. 청중이 강의를 빛내줄 주인공이라고 생각하고 강의를 준비하는 것이 좋다. 나만의 청중을 위해 청중의 발전 가능성

자신만만 기적의 강의 비법

을 자극하는, 그런 가치 있는 강의를 개발하라. 끊임없는 성실한 노력은 결과를 배반하지 않을 것이다.

강의 내용을 통해 청중에게 도전감을 심어주는 것이 중요하다. 청중이 강의를 듣고 새로운 실천을 할 결심을 하거나 새로운 분야에 도전하고자 마음먹는 것이다. 강의 내용과 관련하여 배운 것을 내 것으로 활용하고 싶도록 유도할 필요가 있다. 이러한 관점에서 강의 내용에는 구체적인 실천사항을 포함하는 것이 좋다. 청중이 그대로 따라 할 수 있을 만큼 현실적인 방법을 제안하는 것이다. 청중이 강의를 통해 배운 내용이 내용으로 끝나지 않고 자신의 것으로 내면화할 수 있도록 도울 수 있다.

대학생을 대상으로 '목표 설정과 시간 관리'란 주제의 특강을 했었다. 강의 내용에는 목표 설정 기법과 시간 관리 기법 등 활용할 수 있는 다양한 전략을 포함했다. 그러나 어떤 학생들에게는 전략에 대한 정보도 실천적 기법이 아니라 그냥 강의 내용으로 여겨질 수 있다. 그래서 특정 과제 완성을 목표로 설정하고 3개월 안에 성공한 한 대학생의 사례를 발굴했다. 그 학생이 활용한 몇 가지 핵심 전략을 설명하면서 작성한 문서 등을 샘플로 공유했다. 학생들의 반응이 매우 좋았던 기억이 난다.

청중을 끌어들이는 방법으로 청중에게 긍정적인 피드백을 활용하는 것이 좋다. 긍정적인 피드백으로 구체적인 보상물을 활용해도 좋다. 사고력을 요구하는 질문에 적극적으로 응답한 경우나 정확한 답을 맞힌 경우, 사탕

227

같은 것을 보상물로 줄 수 있다. 학습 활동에 적극적으로 참여한 경우나 용기 있게 발표한 경우, 볼펜을 선물로 제공할 수 있다. 음료나 가벼운 먹거리도 의외로 효과적으로 기능한다.

나는 강의 내용을 설명한 후 학생들에게 활동지를 제공하고 팀으로 완성한 후 제출할 것을 요구한다. 학생들이 활동지에 익숙하지 않은 학기 초반에 나는 스티커 제도를 도입했다. 활발하게 상호작용하면서 참여하는 팀에게 스티커를 부여하고 합산하여 중간 평가에 가산점을 부여했다. 어색한 팀 분위기를 깨고 활동에 적극적으로 참여하도록 촉진하는 효과가 있었다.

어떤 경우에 사고력을 자극하는 질문을 던지고 자신만의 견해나 의견을 피력할 기회를 주면 학생들은 눈치를 보며 빨리 반응하지 않는다. 학생들은 정답을 맞히는 문제가 아닌데도 질문에 답하기를 주저한다. 이런 경우 나는 초콜릿을 보여주며 좀 더 적극적으로 참여하도록 부탁한다. 그러면 학생들이 하나둘 대답하기 시작한다. 대학생들인데도 초콜릿을 받으면 무척이나 좋아한다.

이렇듯 구체적인 보상물은 외적인 만족감을 제공하는 효과가 있다. 그리고 역동적인 재미도 준다. 어린아이든 성인이든 우리는 예기치 못한 작은 선물에 마음이 즐거워진다. 따라서 청중의 특성과 학습과제의 유형을 고려하여 구체적인 보상물을 설계하여 활용할 것을 추천한다. 딱딱한 강의에 웃음과 재미를 더하는 윤활유 같은 역할을 하는 것에 놀랄 것이다.

더 나은 대화를 위한 10가지 방법

세레스티 해들리(Celeste Headlee)의 '더 나은 대화를 위한 10가지 방법'이란 주제의 테드 강연은 엄청난 조회 수를 기록하며 인기를 끌었다. 그녀가 전한 메시지는 다음과 같다.

1. 대화 순간에 충실하라.
2. 상대방을 설득하지 말고 뭔가 배울 자세로 들어라.
3. 육하원칙에 따라 질문하라.
4. 순간순간 떠오르는 생각을 버리고 대화 흐름을 따라가라.
5. 전문가여서 안다는 자랑을 하지 말고 모르면 모른다고 말하라.
6. 다른 사람의 경험과 자신의 경험을 동일시하지 말라.
7. 했던 말을 반복하지 마라.
8. 세부적인 정보에 집착하지 말고 그냥 흘러가게 두라.
9. 경청하라.
10. 간략하게 말하라.

세레스티의 강연이 인기 있었던 이유를 분석해보면 다음과 같은 전략이 숨어 있다. 우선, 세레스티는 강의 초반에 우리가 좋은 대화법으로 알고 있는 '고개를 끄덕이며 듣기', '아이 콘택하기' 등과 같은 상식은 다 쓸데없는 소리니 잊어버리라고 말한다. 우리의 상식을 깨면서 인지적 갈등을 유발한 것이다. 청중은 '우리가 모르는 다른 내용이 뭘까?'라고 생각하며 내용에 집중한다.

또한, 세레스티는 10가지 구체적인 메시지를 전하면서 지루하게 만들지 않았다. 빠른 속도로 한 메시지에서 다른 메시지로 옮겨가면서 예를 들어 설명했다. 간략하게 핵심 메시지를 던지며 예를 통해 강하게 들릴 수도 있는 내용을 부드럽게 지지하는 방식으로 진행한 것이다.

┃ 강의 내내 청중을 내 편으로 만드는 기술 정리

주의집중 높이기

- 다양한 사고를 유도하는 질문을 활용한다.
- 다양한 아이디어를 도출해내는 브레인스토밍을 활용할 수 있다.
- 내용이 전환될 때마다 각기 다른 접근 방식을 활용하여 강의를 진행한다.
- 의도적으로 다양한 방법을 활용하여 강의를 다이내믹한 분위기로 만든다.
- 청중이 직접 참여할 수 있는 다양한 활동을 제공한다.
- 게임이나 역할 모의와 같은 오락적인 요소를 제공한다.
- 과하지 않은 적절한 유머를 활용할 수 있다.
- 유머가 담긴 만화나 스토리를 제공할 수 있다.

참고 : 「ARCS Model」, Keller, J.M.(1983)

만족감 높이기

• 강의가 매우 유익하고 배울 만한 가치가 있음을 강조한다.

• 배운 지식을 실제로 활용할 기회를 제공한다.

• 도전감을 자극한다.

• 강의를 통해 유능해지는 기회가 있음을 강조한다.

• 다양한 수행에 대해 다양한 보상물을 제공한다.

• 긍정적인 피드백을 제공한다.

참고 : 「ARCS Model」, J.M. Keller, J.M.(1983)

07

청중이 핵심 메시지를
기억하게 하는 기술

강의 마무리는 강의 전개 과정에서 마지막에 해당하는 부분이다. 가장 적은 시간을 배치하지만 어떻게 마무리하느냐에 따라 청중이 기억하는 강의의 정서가 달라진다. 주요 강의 내용이 끝나자마자 서둘러 마무리하면 여운이 남지 않아 어색한 강의로 끝날 우려가 있다. 강의 마무리는 강사의 시간관리 전략에 달려 있다. 계획한 대로 강의 시간 배분을 잘 지켜야 강의 마무리를 여유롭게 할 수 있다.

지금 생각해보면 중·고등학교 시절에는 수업 끝나는 종소리를 지나서 수업을 마치는 선생님들이 정말 많으셨다. 대학교 교수님 중에도 그런 분들이

자신만만 기적의 강의 비법

계셨다. 강의에 몰입해서 마무리하는 시간을 놓쳤을 수도 있지만 지금 생각해보면 강의 기획을 실행하지 않으신 것이다. 강의는 하나의 프로그램을 만드는 일이라고 말한 적이 있다. 철저하고 계획된 강의만이 한 치의 오차 없이 모든 과정을 자연스럽게 실행할 수 있다.

강의를 마무리하는 과정에서 가장 필요한 것은 강의 내용을 간략하게 요약하여 청중에게 강의의 핵심 내용을 기억하게 하는 것이다. 강의 요약을 하는 것은 중요하다. 강의의 완성도를 높여주는 효과를 준다. 청중이 강의 내용을 더 잘 기억할 수 있도록 도와준다. 강사의 체계적인 준비로 강의에 몰입하며 재미있게 강의를 듣던 청중도 강의 마무리 시점에 가면 '핵심 내용이 뭐였지?'라고 반문하게 된다.

강사는 내용의 구조를 완벽히 숙지하고 있을지라도 청중은 처음 듣는 내용이기 때문에 마무리 시점에서 핵심 내용을 파악하는 것이 어려울 수 있다. 강의에 몰입하거나 강의에 흥미를 느껴 물 흐르듯 강의 내용을 들었던 청중도 강의가 끝난 후 '핵심 내용은 이것이다.'라고 자신 있게 말하는 일은 쉽지 않다. 강의 요약을 통해 청중의 기억을 되살려주고, 어떤 내용이 중요한 것인지 강조할 필요가 있다. 이를 통해 청중은 강의의 핵심을 더 잘 기억할 수 있게 된다.

강의 요약을 하지 않는 강사들이 의외로 많을 것이다. 강의 요약의 중요성에 대해 인식하지 못할 수도 있다. 요약하는 과정이 번거로워 생략하는 것일 수도 있다. 그러나 강의를 요약하는 것은 청중에게 매우 도움이 되는 마무리 전략이다. 강의 효과를 높이기 위해 이 간단한 방법을 활용할 필요가 있다.

강의 요약을 하는 쉬운 방법은 퀴즈를 활용하는 것이다. 예를 들어, '여러분이 활용할 수 있는 3가지 시간 관리 원칙은 무엇인가요?' 또는 '3가지 시간 관리 원칙이 아닌 것을 골라보세요.'라고 질문한 후 잠깐 시간을 둔다. 대답하는 사람도 있을 것이고, '뭐였지?'라고 강의 자료를 뒤적이는 사람도 있을 것이다. 미소를 띠고 청중을 한 번 둘러본 후 내용을 요약하면서 간략하게 설명한다.

전반적인 강의 내용의 핵심 사항을 간략하게 정리한 도표나 그림을 재가공하여 제공할 수 있다. 가공한 형태의 그래픽은 강의 내용의 전체적인 구조와 내용의 중요도를 보여주는 자료로 활용된다. 강의 내용이 전문적이고 청중이 내용의 전체 구조를 파악하는 것이 중요할 때 활용하면 효과적이다. 강의 내용을 입체적으로 보여주며 개괄적인 개념을 파악할 수 있도록 도와준다.

다음의 예는 인지주의 학습이론의 핵심인 정보 처리 모델에 대한 개괄적 그림이다. 강의에서 정보 처리의 3단계와 한 과정에서 다음 과정으로 넘기는 처리 과정에 대해 자세히 설명했다. 강의의 마무리 단계에서 이런 그림을 통해 핵심 내용을 요약하면 학생들이 강의 내용의 전체적인 구조를 파악하면서 효과적으로 기억하도록 도울 수 있다.

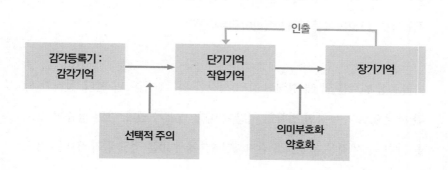

인지주의 학습이론 : 인지 정보처리 이론

정보처리 모델의 세 단계

인출

감각등록기 :
감각기억

단기기억
작업기억

장기기억

선택적 주의

의미부호화
약호화

강의 마무리에서 중요한 것 중 하나가 클로징 멘트이다. 클로징 멘트가 인상적일 때 청중은 감동을 안고 강의장을 떠날 수 있다. 명확한 메시지가 있는 강의인 경우, 강사만의 메시지에 열정을 담아 마무리하는 것이 좋다. 팀워크나 시간 관리와 같은 방법론적인 노하우를 다루는 강의는 관련된 명언으로 끝내는 방법도 있다.

명언이 아니면 주제와 관련하여 희망을 주는 말로 마무리한다. 또는 '지금까지 말씀드린 시간 관리 전략을 활용하시면 다른 사람보다 훨씬 많은 시간을 확보할 수 있습니다. 그 시간을 여러분의 발전을 위해 투자한다면 모든 일에 좋은 결과가 있을 것입니다. 시간 관리에 성공하시기를 바랍니다.' 등과 같이 청중을 지지하면서 끝낼 수 있다.

김 강사는 정해진 강의 시간을 지키지 못한다. 분위기에 빠져 열심히 강의하다 보면 강의를 마무리해야 하는 시간을 놓치기 때문이다. 김 강사는 마무리할 때 종종 클로징 멘트를 놓친다. 클로징 멘트를 어떻게 해야 할지 잘 모르기 때문이다. 김 강사는 처음에 했던 자기소개를 다시 반복하며 마무리한다.

클로징 멘트를 할 때 정해진 강의 시간을 넘기지 말아야 한다. 철저한 시간 배분으로 가능하면 정확한 시간에 마칠 필요가 있다. 만일 청중이 질문을 많이 할 것 같은 분위기를 감지하면 5분에서 10분 정도 일찍 끝내는 것도 좋다. 장황하게 긴 클로징 멘트는 적절하지 않다. 문장 3개를 넘기지 않으면서 간결하고 안정감 있게 끝내는 것을 추천한다. 자신에 대한 소개를 반복하며 마무리하지 않도록 주의할 필요가 있다.

유 강사는 강의 내내 흥분되어 있다. 다른 사람 앞에서 말하는 일은 언제나 흥분되기 때문이다. 흥분된 상태가 강의 전반에 영향을 미쳐 청중은 한 톤 높은 유 강사의 강의를 듣고 나면 조금 피곤함을 느끼기도 한다. 유 강사는 도입 단계와 강의 중심부와 마무리 단계마다 분위기가 달라져야 한다는 것을 잘 모르고 있다.

강의의 마무리 단계는 도입 단계의 분위기와 다르다는 것을 인식해야 한다. 강의의 도입 단계는 동기 부여가 중요하기 때문에 밝고 생동감 있는 목소리와 분위기로 시작한다. 그러나 마무리는 따뜻한 마음으로 격려하고 응원

자신만만 기적의 강의 비법

하면서 끝내는 것이 자연스럽다. 강의는 처음부터 마무리까지 체계적인 기획의 과정임을 인식할 필요가 있다. 그래야 유 강사가 한 것처럼 자신의 흥에 따라 강의하지 않고 강의의 요소마다 적절한 분위기로 전환하며 강의를 효과적으로 리드할 수 있다.

하 교수는 강의가 끝나자마자 서둘러 강의장을 빠져나간다. PBL수업에 대한 운영 사례가 생기니 세미나를 요청하는 공과대학이 많아졌다. 같은 공과대학 교수 대상으로 세미나를 하는 것도 아직 어색하고 모르는 질문을 할까 봐 두렵기도 하다. 바쁜 척 빨리 나가는 것이 속 편하다.

강의를 마치자마자 다른 강의가 있는 것처럼 서둘러 나가지 않도록 한다. 강의가 끝난 후에도 청중은 질문이 있을 수도 있고, 강사와 나누고 싶은 말이 있을 수도 있다. 특히 강의 내용이 신선하거나 유익했을 경우 따로 강사와 말을 나누고 싶어 하는 청중이 많다. 이러한 청중을 위해 강의 이후의 시간에도 친절하게 기다려 답변을 해주는 것이 좋다. 궁금증을 해소하기 위해 말을 걸거나 적극적으로 반응하는 청중이 많을수록 좋은 강의를 했다는 의미가 된다.

이 강사는 아직 초보이다. 실제로 강의하면서 많이 떨리고 자신이 원했던 흐름대로 진행되지 않는 경우 매우 당황한다. 청중의 반응에 너무 민감하여 반응이 없으면 위

237

축된다. 자꾸 자신이 강사로서 제대로 하고 있는지 알 수가 없다. 그래서 이상한 필러가 튀어나온다. 강의가 끝날 무렵에는 강의 내내 했던 실수와 자신도 모르게 했던 이상한 말들이 떠올라 창피함에 몸 둘 바를 모르겠다. 그러다 보니 부족한 강의에 죄송하다는 말로 마무리한다.

부적절한 내용으로 마무리하지 않도록 주의할 필요가 있다. 나는 강의에 대한 부족함과 미안함을 어필하면서 끝내는 강의를 몇 번 본 적이 있다. 프로가 아니라는 인상을 강하게 준다. 진정성 있는 마음가짐으로 강의를 했다면 자신은 최선을 다한 것이다. 혹 강의 도중 실수나 어색한 부분이 있었더라도 이 강사가 한 것처럼 자신의 부족함을 미안해하면서 강의를 마치지 않도록 노력한다. 차라리 강의를 들어준 것에 대한 감사함으로 마무리하는 것이 더 자연스럽다.

08

청중을 매혹하는
강의 절차 구성의 비밀 ①

본 꼭지와 다음 꼭지를 거쳐 강의 절차를 전개하는 과정을 소개하려고 한다. 가네라는 학자의 9가지 교수 사태에 근거하여 제시한다. 강의를 진행하는 단계적인 절차를 따라 부연설명과 활용 팁을 섞어 도움을 주고자 한다. 본 꼭지의 목적은 강의 절차에 초점을 두고 종합적으로 정리하는 것이다. 이전 꼭지에서 다룬 내용이 일부 반복될 수도 있다.

초등학교, 중학교 그리고 대학교는 비교적 엄격한 교육 과정을 중심으로 일정 기간 강의가 진행되는 특징을 가지고 있다. 이렇게 엄격한 지식 체계를 다루는 강의는 아래의 표와 같이 9가지 사태를 따라 진행하는 것이 효과적이다. 주의집중부터 전이의 과정까지 학생들이 정보를 처리하고 지식을 확장하는 방식을 고려하여 강의 절차를 제공하는 것이기 때문이다.

특정 교육기관에서 이루어지는 강의는 아니더라도 필수적인 몇 가지 절차를 선별하여 활용할 것을 추천한다. 특정 절차 없이 하는 강의보다 훨씬 효과적인 틀을 제공한다. 우리의 머리의 특징인 스키마에 지식이 구조적으로 들어갈 수 있도록 유도하는 과정을 촉진하는 모형이기 때문이다. 엄격한 방식의 강의 절차가 불편하다면 본 내용을 넘겨도 된다.

1. 주의집중 얻기

강의를 진행할 때 가장 먼저 하는 일은 학생들의 주의를 집중시키는 것이다. 주의집중은 학생들이 강의 내용에 흥미나 호기심을 갖도록 촉진하는 것이다. 강의 내용에 흥미나 호기심이 생겨야 본격적인 강의 내용에 집중할 수 있다. '뭐지? 알고 싶어지는데?', '흥미롭다. 관심이 간다.', '내가 생각해보지 못했던 건데? 뭔가 더 배우고 싶다.' 등의 생각을 떠올리도록 만드는 것이다. 새로운 지식에 대한 호기심을 충족하고 싶거나 스스로 던진 질문에 답을 찾고 싶어지면 강의 내용에 쉽게 몰입할 수 있게 되는 것이다.

이러한 과정을 통해 학생 편에서는 상당히 준비된 상태로 강의를 들을 수 있다. 일단 강사에게 친근감이 생긴다. 강의 내용에 흥미가 유발되었기 때문이다. 흥미가 유발되면 강사를 호기심 해결사로 인식하게 된다. 그러면 학습 동기가 유발된 상태로 강의 내용을 따라가게 된다. 자신도 인식하지 못한 채 호기심을 충족하려는 목표가 설정되었기 때문이다.

청중을 주의집중시키는 방법은 앞 장에서 다룬 것처럼 여러 가지 방법이 있다. 일반적으로 청중의 오감을 자극하는 자료를 활용한다. 그림이나 그래픽, 동영상과 같은 시청각 자료들이 여기에 해당한다. 학습자의 흥미를 유발하는 다양한 이야기를 이용할 수도 있다. 탐구적 사고 과정을 유도하는 질문을 던질 수 있다. 나는 주로 강의 내용에 관심이 생기게 만드는 동영상이나 인지적 갈등을 유발하는 질문을 사용한다.

2. 학습 목표 제시하기

그다음 학습 목표를 제시한다. 학습 목표는 학습자가 결과적으로 무엇을 할 수 있게 되는지 미리 알려주는 역할을 한다. 학습자 자신이 강의 후에 획득하게 될 능력을 알게 되면 강의 내용에 기대감이 생긴다. 자신이 수업의 주인공이 되는 주체자로 인식하게 될 수도 있다. 이러한 인식 전환의 효과는 크다. 학생들이 강의 내용을 수동적으로 듣는다 하더라도 자발적인 사고 과정을 통해 배운 내용을 의미화하도록 유도하기 때문이다.

강사 편에서도 학습 목표의 설정은 중요하다. 학습 목표가 설정되면 강의에서 다루어야 할 내용과 생략해야 할 내용을 쉽게 파악할 수 있다. 예를 들어, 교육 방법이란 주제의 목표를 '교육 방법의 유형과 특징을 비교 설명할 수 있다.'라고 설정했다고 하자. 이 목표는 3가지 하위 목표를 포함한다.

1. 교육 방법의 유형을 나열할 수 있다.
2. 각기 다른 교육 방법의 유형의 특징을 설명할 수 있다.
3. 각기 다른 교육 방법의 차이점과 유사점을 비교 설명할 수 있다.

이 목표는 강사가 다루어야 할 내용을 분명하게 보여준다. 다양한 교육 방법을 몇 개의 카테고리를 만들어 분류한다. 각 유형에 따른 다양한 교육 방법의 특징을 설명한다. 다음으로 학생들이 3번째 목표에 도달할 수 있도록 각 교육 방법을 비교 설명한다. 보통의 경우 나는 비교표를 만들어 제공한 후 각각의 차이점과 유사점을 대조하면서 설명한다.

목표를 진술할 때 학생들이 행위로 보여줄 수 있는 동사를 사용해야 하는 것이 좋다. 예컨대, '교육 방법의 유형을 알 수 있다'라는 목표는 적절하게 진술되지 않았다. 왜냐하면 '알 수 있다'라는 동사가 무엇을 수행해야 하는지 모호하기 때문이다. 목표 진술시 '안다'라든가 '이해한다' 같은 동사를 사용하는 대신 '설명할 수 있다, 비교할 수 있다, 분별할 수 있다.' 같은 명확한 동사를 사용할 것을 추천한다.

목표는 학생들을 위한 학습 목표이기 때문에 가르치는 사람을 위한 용어

자신만만 기적의 강의 비법

로 진술하지 않는다. 예를 들어 '교육 방법의 특징을 가르친다.'라는 목표는 맞게 진술되지 않았다. 강사는 '가르친다', '지도한다', 혹은 '알려준다' 같은 강사의 행위를 요구하는 동사를 사용하지 않도록 주의한다. 학습자가 도달해야 할 목표를 설정하는 것은 중요하다. 왜냐하면, 강의를 설계, 즉 디자인의 산물로 접근하는 가장 기초적인 개념이기 때문이다.

3. 사전지식 확인하기

본격적인 강의 내용을 시작하기 전에 학습자들의 사전지식, 또는 준비도를 확인하는 것이 필요하다. 본 강의를 자신의 것으로 소화할 수 있도록 필요한 지식이나 기술이 준비되어 있는지 파악해야 한다. 1회성의 특강에서도 청중의 상태를 고려한 내용을 선정하는 일은 중요하다. 그런데 일정 기간에 걸쳐 이루어지는 학교 강의에서는 본 절차가 매우 필수적인 요소가 된다.

우리나라의 교육 과정은 학문적 교육 과정의 특성을 가지고 편성되어 있다. 건물을 지을 때 벽돌 한 장 한 장을 쌓아 올리듯이 이전 학습된 내용의 기초위에 새로운 내용이 안착할 수 있도록 조직되어 있는 것이다. 준비도가 낮아 구멍이 숭숭 뚫린 학습자의 스키마에 새로운 내용이 안정적으로 들러 붙기는 매우 어렵다.

본 강의에 필수적인 사전지식이 부족하다면 강사가 아무리 잘 설명한다 해도 학습자가 강의 내용을 소화하는 것은 쉽지 않다. 학생들의 준비도가 부족하다면 어떠한 형태로든 필수적인 사전지식을 보충하고 강의를 진행할 필요가 있다. 이렇게 하지 않으면 많은 학습자에게 강의는 효과적이지 못할 수 있다.

학생들의 사전지식을 확인하는 방법에는 간단한 질문이나 진단 테스트 등이 포함된다. 쉽게 해낼 수 있는 미니 과제를 제공할 수 있다. 나 같은 경우에는 시험 문제와 설문 문항 형식을 섞어 목적에 맞게 개발한 도구를 활용한다. 수집된 정보를 분석하여 학생들의 수업에 대한 준비도와 강의에 반영해야 할 학생들의 특징을 파악한다.

학생들의 준비도가 충분하지 않다는 결과가 나오면 나는 주요 이론이나 개념을 보충 설명한 후 본 내용을 진행한다. 학생들의 지식 체계가 완전하지 않기 때문에 그 부분을 보완해주고 새로운 내용이 정착될 수 있도록 유도하기 위함이다. 학생들의 스키마에 새로운 내용이 연결되도록 돕지 않는다면 학생들은 내용을 암기하게 된다. 내용을 이해하지 않고 기계적으로 암기하는 것은 지식 체계를 확장하는 적합한 방법이 될 수 없다. 망각이 매우 쉽게 일어날 수 있기 때문이다.

사전지식을 확인하면서 '이 정도는 알고 있겠지.'라고 생각하며 주요한 설명을 생략하지 않도록 한다. 학생들을 과대평가하는 오류를 범하는 것이다. 당연히 알아야 하는 것도 모르는 학생들이 정말 많다. 사전지식을 확인하는 과정을 통해 학생들의 현 상황을 객관적으로 파악하는 것이 중요하다. 그래야 본 내용을 다룰 때 학생들이 정확한 지식 체계를 형성하도록 도울 수 있다.

혹 학생들의 준비도가 기대했던 것보다 낮더라도 학생들을 무시하거나 비난하지 않도록 주의할 필요가 있다. 학생들은 누구나 잘 배울 수 있는 잠재력을 가진 사람들이다. 학생을 비난하는 마음이 한 번이라도 들었다면 자신의 강의 철학을 점검해보기 바란다. 이것은 가르치는 사람으로서 매우 중요한 것이다. 강사는 지속적인 개선 활동으로 모든 학생에게 효과적인 강의를 제공할 수 있는 사람이어야 한다.

09

청중을 매혹하는
강의 절차 구성의 비밀 ②

4. 학습 내용 제시하기

5. 학습 안내 제공하기

본격적으로 강의를 전개하면서 가장 먼저 하는 일은 학습 내용을 제시하는 것이다. 강의 내용에는 여러 가지 유형이 있을 수 있다. 다양한 언어정보나 정의된 개념 그리고 구체적 개념의 특징을 가르칠 수 있다. 규칙이나 원리 또는 문제 해결과 같은 고차적인 내용을 다룰 수도 있다. 어떠한 종류의 내용이든지 일반적인 강의라면 설명식으로 풀어갈 것이다.

설명식 강의에서 강의 내용은 학습 안내와 함께 제공하는 것이 효과적이다. 학습 안내는 학습자가 자신의 단기기억에 머물러 있는 지식이나 정보를 자신만의 스키마인 장기기억에 들어갈 수 있도록 의미화하는 과정을 촉진한다. 학습자가 강의 내용에 매우 집중한다고 해도 모든 내용이 학습자의 인지 구조에 들어가는 것은 아니다. 학습자가 이해할 수 있도록 도와주는 적절한 안내 장치가 필요하다. 이러한 안내 장치로 활용할 수 있는 것이 학습전략이다.

내가 학습이론이란 주제를 강의할 때의 예를 들어보겠다. 학습이론의 큰 틀에는 3가지 하위 주제인 행동주의 학습이론, 인지주의 학습이론 그리고 구성주의 학습이론이 포함된다. 각 주제는 1주차 씩 2시간에 걸쳐서 다뤄지며, 각 이론은 매우 다른 개념과 특징을 가지고 있다. 나는 각 이론을 일관된 방식으로 조직하기 위해 공통된 하위 주제항목을 도출한다.

예를 들어, 학습에 대한 개념, 학습 원리, 학습 과정, 학습 결과, 수업 설계 시사점 등의 항목들이다. 각 항목에 따라 각기 다른 이론의 내용을 배치한다. 각기 다른 내용이지만 같은 항목 아래 내용을 배치하면 학생들이 이해하기 쉽다. 일관된 방식으로 내용이 조직되어 있기 때문이다. 학생들이 지식을 쉽게 받아들일 수 있는 방식으로 내용을 구성하는 전략이 필요하다.

각 이론의 내용을 다룰 때 구체적이고 사실적으로 설명하는 것이 좋다. 이를 위해 개념이 구현된 예나 규칙이나 원리가 적용된 사례를 다룰 필요가

4장. 강의의 품격을 높이는 8가지 테크닉

있다. 실제적인 예를 사용하는 전략은 지식이나 정보의 내용을 풍부하게 만들어준다. 실례를 통해 학습자의 머릿속에 다양한 단서들이 생기게 된다. 후에 학습자가 필요한 지식이나 정보를 활용하고자 할 때 단서들이 힌트가 되어 관련 지식을 꺼내 쓸 수 있다. 학습자 편에서 활용 가능한 단서들이 많을수록 유용하다.

이론에 대한 도입이나 마무리에 전체적인 구조도를 활용할 수 있다. 학습자가 새로운 지식을 배울 때 가장 어려워하는 것은 자신이 배우는 지식 영역의 전체 구조를 파악하는 것이다. 전체적인 구조도는 개념도나 마인드 맵 등과 같은 것으로 구현될 수 있다. 이러한 그래픽을 가공하여 제공하면서 현재 배우는 내용과 이전에 배운 내용의 관계를 확인하도록 도와줄 수 있다. 학습자가 배우고 있는 지식 영역의 전체적인 모양을 알게 될 때 학습자의 이해도는 매우 높이 올라간다.

6. 수행 유도하기

학습 안내와 함께 주요 내용을 배운 후 학생들의 수행을 유도하는 것이 효과적이다. 학생들이 직접 해보도록 요구함으로써 배운 지식이나 정보를 자신의 것으로 소화하도록 돕기 위함이다. 수행 유도를 통해 학생들은 배운 내용을 자신이 정말 이해했는지 파악할 수 있다. 수행을 유도하는 요구 항목에 부응하지 못한다면 자신만의 스키마로 지식을 흡수하지 못했다는 것이다. 요구사항에 맞는 수행을 실행한다는 것은 배운 내용을 꺼내 과제에 맞는 방식으로 활용할 수 있다는 뜻이다.

강사는 수행 유도를 위해 반복 연습이나 연습문제 풀기에서부터 고차적으로는 토론이나 분석 활동에 이르기까지 다양한 학습 방법을 활용하여 수행 유도의 단계를 실천할 필요가 있다. 이러한 과정을 통해 학습자는 지식을 꺼내서 목적에 맞게 가공함으로써 자신만의 풍부한 스키마를 확장하게 된다. 나는 이를 위해 다양한 학습 활동을 포함하는 활동지 또는 워크시트를 직접 개발하여 제공한다.

7. 피드백 제공하기

학생들의 수행을 확인한 후 피드백을 제공해야 한다. 피드백을 통해 학생들은 자신들의 수행을 점검할 수 있다. 피드백을 제공하는 목적은 학생들의 적절한 수행 능력을 강화하도록 돕는 것이다. 적합한 피드백을 통해 학생들의 잘못된 이해나 부적절한 수행 능력을 교정할 수 있다. 또는 학생들의 적절한 수행 능력을 능숙하게 만들 수 있다. 이를 위해 학생들에게 피드백이 반드시 주어져야 한다.

피드백은 정보적 피드백을 제공하는 것이 좋다. 정보적 피드백은 말 그대로 필요한 정보를 제공하는 것이다. 이는 수행 정도를 평가하는 것을 넘어서서 수행 수준을 높이기 위한 역할을 한다. '잘했다', '틀렸다', '맞았다' 등의 판단에 초점을 두는 것이 아니라 수행 수준이 질적으로 개선할 수 있도록 필요한 정보를 제공하는 것이다. 바람직한 피드백을 통해 학생들은 자신이 배운 지식이나 기술 또는 역량 등을 강화하여 더 유능한 수준으로 수행할 수 있도록 도움을 받는 것이다.

학생들의 수행 수준이 만족스러울 때는 피드백으로 칭찬을 제공하는 것을 추천한다. 칭찬은 활용하기 매우 쉬운 피드백이면서 효과가 좋기 때문이다. 우선, 학생의 학습 수행 결과에 대한 진실한 칭찬을 제공한다. 칭찬은 객관적인 기준에 근거하여 학습 수행에 대한 정확한 언어로 제공되어야 한다. 그래야 학생들의 동기를 고무하는 효과가 있다.

칭찬은 칭찬할 만한 학습 수행에 대해 제공되어야 한다. 일정 기준에 도달한 학습 수행을 보여주었을 때 칭찬을 활용할 필요가 있다. 이를 위해 강사는 칭찬 규칙을 만들어서 엄격하게 사용하는 것이 필요하다. 칭찬을 관대하게 활용하거나 남용하면 피드백으로서 기능을 상실하게 된다. 누구나 받을 수 있는 칭찬은 더는 긍정적인 보상물이 되지 못하기 때문이다.

칭찬을 통해 학습의 결과보다는 과정이나 노력을 촉진하는 것이 좋다. 학습의 과정이나 노력을 칭찬하는 것은 학습자들이 학습 목표 지향성을 갖도록 유도한다. 학습 목표 지향성은 학생들이 배우는 과정에 집중하도록 고무하는 역할을 한다. 학습 목표 지향성을 가지고 있는 학습자는 조금 어려운 과제를 수행하더라도 어려움을 극복하고 끝까지 학습에 매진하는 특성을 보인다. 이러한 학생들은 학습과제의 종류에 따라 포기하지 않으며 최선을 다해 노력한다.

자신만만 기적의 강의 비법

8. 평가하기

마지막 두 단계는 평가와 전이를 촉진하는 과정을 포함한다. 이 과정들은 매번의 수업 절차에 등장할 필요는 없다. 일반적으로 일정 기간 지속하는 교육 과정은 특정 평가 시기가 주어져 있다. 실제로 강사에 따라 사용할 수 있는 평가의 빈도나 도구도 다양한 경우가 많다. 학생들에게 다른 상황에 적용할 수 있는 전이 능력을 키우는 과제도 교과목에 따라 다양한 방식으로 이루어질 수 있다.

평가는 학생들의 학습 성취 정도와 학습 결과를 측정하는 것이다. 많은 경우에 수업이나 일정 기간의 강의에서 평가는 필수적인 절차가 된다. 평가의 본질적인 목적은 학습자의 목표 달성 여부를 파악하는 것이다. 학습자가 설정된 목표에 결과적으로 도달했는지 확인하여 다음 강의에 피드백하기 위한 것이다. 따라서, 학습자의 학습 성취 현황을 분석하여 성취도가 낮은 이유를 찾아 다음 강의에 반영하여 더 나은 학습 효과를 산출하도록 유도할 필요가 있다.

평가는 학습 목표를 반영해야 한다. 학습자가 학습 목표에 효과적으로 도달했는지 아닌지를 판단하는 것이기 때문이다. 평가가 학습 목표를 반영해야 한다는 말은 강의에서 다루었던 학습 내용을 바탕으로 평가 문항을 만들어야 한다는 의미이다. 성취도의 변별력을 키우기 위해 강의에서 다루지 않은 내용을 평가 문항에 포함하지 않는 것이 좋다. 그렇게 한다면 그것은 평가의 본질적인 기능에 맞지 않는다.

중·고등학교 시절, 수업시간에 다루지 않은 내용을 시험 문제로 내는 선생님들이 많이 계셨다. 우리는 '이런 내용은 배운 적도 없는데.'라고 하면서 안타까워했지만, 선생님께 따질 수는 없었다. 대학교에 와서도 마찬가지로 핵심에서 벗어난 내용으로 구성된 시험을 보기도 했다. 교과목 목적에 맞지 않는 이상한 과제를 한 적도 있었다.

나는 학생들이 배운 내용의 범위 안에서 학습 목표의 도달 여부를 확인하는 평가도구만을 사용한다. 평가의 본질적 기능을 존중하기 때문이다. 철저하게 수업에서 다루었던 내용, 그것도 핵심 내용에서만 시험 문제를 낸다. 과제도 과목의 학습 목표에 도달하도록 돕는 과제를 개발하여 제공한다. 과제 수행 후 학생들이 많이 배웠다고 감사하다고 전하곤 한다.

학습 성취의 변별력을 키우기 위해 문제의 난이도를 조절할 수 있다. 학생들에게 각기 다른 지적 기능을 사용하도록 요구하는 방법을 통해서다. 학생들의 이해도를 측정하는 문제와 원리를 적용할 수 있는지를 파악하는 문제는 다른 문제다. 학생들에게 내용을 비교하도록 묻는 문제와 내용의 구체적인 항목을 나열하도록 하는 문제 또한 각기 다른 문제다.

각기 다른 지적 기능의 역할이 무엇인지, 어떻게 문항으로 변환하는지에 대한 방법을 찾아야 한다. 강사로서 평가의 본질적 기능을 구현하기 위해 노력할 필요가 있다. 이러한 내용을 반영하지 않는다면 학생들이 배우지 않은 내용을 평가 문항이나 평가 도구로 활용하기 쉽기 때문이다. 학생들에게 학습할 기회를 주고 학습한 내용에 관해 확인하는 것이 공정한 평가이다.

9. 파지와 전이 촉진하기

마지막으로 파지와 전이를 촉진한다. 파지는 배운 내용을 오래 기억하는 것이다. 전이는 학습한 내용을 다른 유형의 과제에 적용하는 것이다. 다른 문제 상황에서 배운 지식을 활용해보는 것이 될 수도 있다. 파지와 전이를 촉진하기 위해 주로 과제를 활용할 수 있다. 간단하게 분석하거나 적용해보는 과제를 제공할 수도 있다. 복잡하고 고차적인 과제를 장기간에 걸쳐 수행하도록 유도할 수 있다.

프로젝트 과제나 PBL 과제가 대표적으로 다양한 사고 과정을 통해 전이가 일어나도록 유도하는 복잡한 과제 유형이다. 이러한 학습 과제를 수행하면서 학생들은 배운 지식을 다른 방식으로 응용하여 목적적인 결과물을 산출하도록 요구받는다. 이런 활동은 학생들에게 다양한 역량을 개발할 기회를 제공한다. 학생들은 배운 내용을 오래 기억할 수 있고, 전이 과정을 효과적으로 경험할 수 있다.

이러한 과제를 제공할 때 학생들이 과제를 수행하는 과정에서 너무 힘을 빼지 않도록 친절한 과제 안내서를 제공해야 한다. 과제 안내서의 역할은 학생들이 과제를 어떻게 수행하는가를 너무 고민하지 않고 결과물을 도출하는 데 집중할 수 있도록 돕는 것이다. 안내서와 함께 제공하면 효과적인 것이 객관적인 평가 기준이다. 과제의 결과물이 만족해야 하는 요구사항을 구체적인 채점표로 만들어 공개하는 것이다.

평가 기준을 제공하면 학생들이 완성한 결과물의 충실도가 매우 높아지는 경향이 있다. 명확한 기준 때문에 학생들이 요구에 부응하기 위해 더 성실하게 노력하는 것으로 보인다. 나는 많은 경우 기말과제로 프로젝트나 PBL 과제를 내주곤 했다. 나는 구체적인 과제 안내서와 평가 기준을 함께 제공하는 것을 잊지 않았다. 그리고 이런 보조 자료를 제공하는 이유를 동기고무적으로 어필했다.

결과물을 평가하면서 '이렇게까지 열심히 하다니 너무 고맙다.'라고 생각했던 적이 한두 번이 아니었다. 기대 이상의 결과물이 내가 예상했던 것보다 항상 많았다. 나는 잘 작성된 과제 안내서와 구체적인 평가 기준이 학생들로 하여금 진지하게 과제를 수행하도록 돕는다는 것을 경험으로 터득했다. 실제로 많은 관련 연구에서도 구체적인 채점 기준은 학생들에게 도움이 된다는 사실을 증명한다.

개인적으로 구체적인 평가 기준의 가장 좋은 이점은 학생들에게 평가 결과를 공개할 수 있다는 것이다. 나는 학생들에게 과제 점수나 학점이 어떻게 산출되었는지 궁금하면 꼭 찾아와 확인하라고 당부한다. 많은 경우에 시험은 잘 본 편인데 과제 점수가 낮은 학생들이 찾아온다. 평가 기준에 따라 산출된 과제 점수를 보여주며 제일 높은 점수를 받은 팀의 결과물과 비교해서 보도록 한다.

자신만만 기적의 강의 비법

대부분 학생은 전적으로 수긍하며 돌아간다. 어떤 학생들은 정확한 평가 결과를 보고 놀라기도 한다. 나는 학생들에게 자신 있게 평가 과정을 보여줄 수 있다는 사실이 뿌듯하다. 내 강의를 들은 학생들은 어떤 근거로 점수가 나왔는지 궁금하면 언제든 확인할 수 있기 때문이다. 그들은 평가 과정을 확인할 수 있는 권리를 포기하지 않아도 된다. 나는 그 권리를 자연스럽게 보호해준다.

▎ 가네의 9가지 교수 사태

1. **주의집중 끌기**(Gaining attention)
2. **목표 제시**(Informing learners of the objectives)
3. **사전지식 확인**(Stimulating recall of prior learning)
4. **자극 자료 제시**(Presenting the stimulus)
5. **학습 안내 제공**(Providing learning guidance)
6. **수행 유도**(Eliciting performance)
7. **피드백 제공**(Providing feedback)
8. **수행 평가**(Assessing performance)
9. **파지와 전이 촉진**(Enhancing retention and transfer)

5장

전문 강사가 되어
평생 현역으로
살아라

01

전문 강사가 되어
평생 현역으로 살아라

　예비 교사 또는 강사가 되려고 준비하는 사람들을 위해 하고 싶은 말은 모두 전문 강사가 되어 평생 현역으로 활동하며 살라는 것이다. 자신의 전공 분야가 있을 뿐만 아니라 제2의 전문 콘텐츠를 자신의 영역으로 만들 수 있다. 이제 강의하려는 일을 시작하는 단계이니 전문 콘텐츠를 추가할 수 있는 충분한 시간이 있기 때문이다. 전문 강사의 자질을 갖춘다면 전공 분야와 더불어 관심 분야를 확장하여 다양한 분야의 강사로 평생 즐겁게 활동할 수 있다.

　전문 강사의 자질로 가장 중요한 것은 설계 마인드이다. 강의 내용을 체계적으로 구성하는 것은 기본적으로 중요하다. 이와 더불어 효과적인 강의 설계를 위해 다양한 교수법을 활용하는 능력, 창의적인 과제를 개발하는 능력, 강의 내용에 적합한 풍부한 자료를 적용하는 능력 등이 요구될 수 있다. 설계 마인드는 이러한 다양한 시도를 훈련하는 것을 필수적이라고 여기는 마음가짐이다.

예비 강사와 예비 교사들이여! 설계 마인드를 장착하라. 그렇게 한다면 전문 강사로서의 발전 가능성은 무궁무진하다. 자신의 전공 분야에 제한받지 않고 다양한 관심 분야까지 모두 강의로 풀어낼 수 있을 것이기 때문이다. 앞에서 계속 얘기했듯이 관심 있는 분야를 전문적으로 연구할 수도 있다. 강의 활동에 대한 경험이 쌓이면서 다양한 스토리와 경험이 생성될 수도 있다. 새로운 학습과 경험을 강의 콘텐츠로 녹여낸다면 얼마나 많은 사람을 도울 수 있을까 기대해볼 수 있다.

대학생을 대상으로 좋은 수업에 대해 탐색한 연구 결과물에 따르면, 학생들은 많이 배웠다고 느낄 때 좋은 수업이었다고 기억한다는 것이다. 많이 배웠다는 의미는 2가지로 해석된다. 하나는 강의 내용이 유익한 방식으로 구성되어 자신의 것으로 소화하는 데 매우 도움이 되었다는 뜻이다. 강의 내용의 구성이 잘 되어 있고, 내용을 이해하기 위해 적절한 전달 방식이 활용되어 어려움 없이 잘 배웠다는 것이다.

다른 하나는 학생들이 지금까지와는 다른 뭔가 의미 있고 색다른 경험을 하게 되었다는 뜻이다. 특히, 학생들은 의미 있는 과제를 수행하거나, 뭔가 깨달음을 얻거나, 자신을 성찰하는 기회를 가질 때 매우 좋은 수업이었다고 보고했다. 이 말은 교수가 강의 내용을 전달하는 것 외에 학생들에게 의미 있는 경험을 제공하기 위해 학습과제를 설계했다는 뜻이다.

강의를 듣는 사람은 누구나 내용이 논리적이고 명료하게 전달하는 강의를 좋아한다. 이것만으로도 강의는 들을 만한 가치가 있다. 그런데 강의를 통해 내가 주체자가 되어 의미 있는 사고 과정을 경험한다면 학생들은 교수의 의도를 알아채고 감동하게 된다. 나는 이 연구의 사례에 포함되었던 교수들의 마음을 이해한다. 학생들이 뭐라도 배우고 성장하기를 바랐을 것이다. 그래서 의미 있는 과제를 제공하기 위해 고민하고 연구했을 것이다.

좋은 강의를 하려는 모든 강사는 학생이나 청중을 고려하고 배려하는 특징을 가지고 있다. 자신의 전문성이나 지식을 강의 무대에 서게 하는 도구나 칼로 사용하지 않는다. 그들은 한결같이 인간 이해자의 관점을 취하고 있다. 학생들의 성장과 발전을 바라고 지지한다. 그러니 강의에도 이런 인간관이 자연스럽게 반영된다. 따라서 학생들의 유익한 경험과 학습을 촉진하기 위해 다양한 방법을 시도하며 열심히 노력한다. 설계 과정이라고 인식하지 못하더라도 말이다.

나는 설계 과정을 자연스러운 것으로 받아들인다. 그러나 나도 좋은 강의를 만들기 위해 많은 에너지를 들이고 의도적인 다양한 시도를 했던 건 사실이다. 결과적으로 나의 노력과 시간은 가치 있는 것이었다. 강의 평가 결과가 그것을 증명했다. 그리고 학생들의 성찰 일기를 읽으며 감동을 경험했던 순간이 많았다. 그것은 강사에게 가치 있는 보상물이었다.

설계 마인드를 장착했다면 사명감으로 무장할 것을 추천한다. 강의하는 일을 직업으로가 아닌 사명감을 실천하는 일로 생각해주기 바란다. 강의가 돈을 벌기 위한 수단이 아닌 나에게만 주어진 소명이 될 때 나는 누군가에게 꼭 필요한 사람이 되어줄 수 있다. 강의를 통해 사회 구성원의 성장과 발전에 기여한다고 생각하는 것이다. 우리 사회의 발전을 위해 나에게 주어진 사회적 책무의식을 실천한다고 믿는 것이다.

미국의 한 대통령이 나사를 방문하여 만났던 청소부의 유명한 일화가 있다. 책에서나 연설에서도 자주 인용되는 이야기다. 청소하는 일이 그의 본업이지만 그는 자신은 인류가 우주에 갈 수 있도록 돕는 일을 하고 있다고 말한다. 자신이 하는 일에 대한 그의 관점은 사명감으로부터 나온 것이라고 말할 수 있다.

내가 중요하게 생각하는 것은 바로 그의 사명감에서 나오는 긍정 에너지이다. 그의 에너지는 분명 인류의 우주 진출을 돕는 데 사용되기 때문이다. 그는 청소할 때마다 인류가 우주로 안전하게 여행하게 될 날을 진심으로 응원할 것이다. 더구나 우주에서의 인류의 번영과 안녕을 바랄 것이다. 이런 기도가 어떻게 영향을 미치지 않을 수 있을까?

사명감은 정해진 양의 일만 하게 하지 않는다. 금전적 보상이 주어지지 않아도 그 일을 위해 항상 필요한 것 이상의 노력을 하게 만든다. 사명감이 그 일을 하게 하는 원동력이 되기 때문이다. 강의에 대한 나의 사명감은 강의를 통해 학생들을 변화시키는 것이다. 그들의 지식뿐만 아니라 사고 능력, 시각까지 더 긍정적으로 성장하는 형태로 말이다. 그리고 그들이 사회에서 꼭 필요한 사람이 되도록 돕는 것이다.

이를 위해 나는 다양한 학습 활동을 개발하여 학생들에게 제공했다. 학생들이 배운 지식을 학생들이 자신의 것으로 소화하도록 돕기 위해 고민하면서 말이다. 또한, 지식의 이해와 습득을 넘어 의미 있는 경험을 유도하기 위해 기말과제와 안내서도 치밀하게 설계했다. 학생들의 경험을 미리 시뮬레이션하면서 말이다. 학생들이 강의를 통해 사회에서 요구하는 역량을 키울 수 있기를 바랐기 때문이다.

사범대학이나 교육대학원 학생들을 대상으로 강의하던 시절, 나는 부모님의 권유로 교사가 되기 위해 진학하는 학생들이 적지 않다는 사실을 알게 되었다. 첫 주에 학습자 특성을 조사하는 설문지의 결과를 자세히 파악해보면 정작 본인은 교직에 관심이 없는데 부모님이 교사이거나 강사를 해서 같은 진로를 추천해준 경우가 종종 있었다.

이런 학생들이 신경 쓰여 나는 강의 중간에 기회가 있을 때마다 교사의 사명감에 대해 강조했다. 내가 알고 있는 선생님이나 강사들의 좋은 예나 나쁜 예도 들어가며, 사명감이 실제 삶에 미치는 영향을 설명하기도 했다. 가끔은 〈론 클라크 스토리〉와 같은 영화나 다큐멘터리를 찾아 보여주기도 했다. 교사가 되기 위한 준비 시절에 들은 감동적인 스토리는 분명 이들의 머리에서 떠나지 않을 것이기 때문이었다.

클라크 선생님은 우연한 기회에 교사라는 직업에 소명의식을 느껴 교직에 들어선 실제 인물로 미국에서 교육자상을 수상하기도 했다. 그가 할렘가의 학생들을 지도한 경험을 기록한 『55가지 원칙』은 베스트셀러가 되어 많은 사람에게 알려지기도 했다. 그는 현재 애틀랜타 남동부에 있는 '론 클라크 아카데미'라는 학교를 열어 다양한 사회경제적 배경과 재능을 가진 학생들을 지도하는 비영리 학교를 운영하고 있다.

나는 기회가 있을 때마다 학생들에게 당부하곤 했다. 왜 교사가 되려고 하는지, 또는 왜 강의하는 일을 하려고 하는지 자신에게 질문을 던지고 꼭 그 답을 진지하게 얻어내라고. 마지막 주 발표 과제를 하면서 자신이 앞으로 하려는 일에 대해 어떤 태도를 지녀야 하는지 답을 얻었다는 학생들이 있었다. 또는, 수업이 끝나길 기다렸다가 사명감에 대해 깨우쳐주셔서 감사하다고 인사하는 학생들도 있었다. 그래서 나는 학생들의 생각과 태도를 정비하기 위해 사명감을 강조하는 일이 어느 정도 도움이 된다는 사실을 알게 되었다.

누군가를 위해 강의하는 일은 멋지다. 강의를 통해 누군가는 필요한 지식과 정보를, 누군가는 용기와 희망을, 누군가는 삶의 노하우를 얻을 것이기 때문이다. 강의를 들으며 누군가는 생각을 바꾸고, 누군가는 에너지를 얻고,

자신만만 기적의 강의 비법

누군가는 다른 인생을 선택할 것이기 때문이다. 그러니 강의하는 일에 자부심을 느껴도 좋다. 자부심의 무게로 자신이 하는 일의 가치를 높일 수 있기 바란다.

┃ 강의로 평생 현역으로 사는 전문가 – 김미경 대표

강사가 되어 평생 현역으로 사는 대표적인 분이 김미경 대표이다. 김미경 대표는 강사로서 갖추어야 할 모든 덕목을 다 가지고 있다.

우선, 높은 수준의 사명감을 장착하고 있다. 그래서 그렇게 열심히 살아낸다. 허투루 사는 날이 아마 하루도 없을 것이다. 강의라는 한 가지 활동을 하면서 여러 번 플랫폼을 바꾸는 일이 있었지만 언제나 플러스 알파의 양의 일을 하는 것처럼 보인다. 그건 아마 사명감 때문일 것이다.

김미경 대표의 또 다른 덕목은 성실한 학습자라는 것이다. 나는 그녀의 새로 나온 책을 읽으며 혀를 내둘렀다. 공부를 좋아하는 나도 짧은 시간 안에 그렇게 열심히 공부하는 것은 정말 어렵다는 것을 알고 있다. 책임감과 사명감이 힘을 내게 도와주었을 것이지만 강사로서 꼭 필요한 자질인 배움에 대한 남다른 열정을 지녔다.

김미경 대표는 끊임없이 도전하는 사람이다. 유튜브에 도전할 때도, MKKU를 오픈할 때도, 미국 대학에서 영어 스피치를 하게 될 때도 다 새로운 도전이었을 것이다. 그러나 그녀의 포기하지 않음이 결국 목표에 도달하게 했다. 김미경 대표는 내가 알고 있는 가장 넉살 좋은 도전가이다.

그녀가 행동하는 실천가이기 때문에 사람들에게 본이 되고, 다른 강사에게 모델이 될 수 있다고 생각한다. 그녀는 먼저 진정성 있게 살아내고 말로 전하는 강사이다. 김미경 대표의 이런 덕목을 배운다면 누구나 평생 현역으로 멋진 삶을 살 수 있지 않을까?

02

인생 2막은
강사로 살아라

본 꼭지는 은퇴 후의 새로운 삶을 준비하는 분들을 위해 쓴다. 아마 은퇴 시기가 다가오는 분들도 있을 것이고, 이른 은퇴를 하고 강의하는 삶을 원하는 분들도 있을 것이다. 아니면 나름대로 주요한 콘텐츠를 가지고 있어 강의하는 일로 인생을 마무리하고자 하는 마음을 가지고 있다가 이제 더는 미루지 말자고 결심한 분일 수도 있다. 여러분들의 특징은 직업적 또는 사회적 경험을 통해 관련 분야의 지식이나 노하우를 갖고 있다는 것이다.

여러분들에게 드리고 싶은 말은 인생 2막은 강사로 살기를 바란다는 것이다. 이를 위해 강의하는 일은 삶의 가치를 창출하기 위한 과정으로 생각하기를 권유한다. 직업적 성취를 위해 자신의 인생을 위해 살았던 시기도 있었을 것이다. 경제 활동을 통해 사회의 구성원으로서 가족을 위해 살았던 시기도 있었을 것이다. 지금 현재 인생의 어느 시기에 있든 인생 2막을 시작하려면 다른 가치가 필요하다고 말하고 싶다.

인생 2막을 강사로 살기 위해 도전은 필수다. 지금까지 주어진 삶을 성실히 살아왔을 여러분은 이제 도전할 일만 남았다고 생각하라. 강사가 되기 위해 힘든 과정을 거쳐야 한다는 것을 인식하고 끝까지 해보겠다고 결심하는 것이다. 도전이라는 시도를 하는 것, 그 자체가 큰 가치가 된다. 2번째 인생을 도전으로 만들어낸다면 정말 의미 있지 않은가? 도전할 수 있다는 작은 용기를 끄집어낼 수 있다면 그것으로 충분하다.

그다음 그 용기를 실행에 옮기는 것이다. 조용히 앉아서 용기만을 갖는 것만으로는 부족할 수 있다. 어떤 방식으로든 행동으로 만들어낼 필요가 있다. 구체적인 실천 계획을 세우는 것도 좋은 방법이다. 지금까지 쌓아온 자신의 업적이나 노하우를 조직적인 콘텐츠로 정리해보는 것도 필요하다. 실천 계획을 세우면서 발판으로 삼을 수 있는 좋은 교육 과정이나 프로그램을 만날 수도 있다.

인생 2막의 첫 발걸음을 떼기 위해 정부 기관을 포함한 다양한 기관에서 제공하는 교육 프로그램을 활용해볼 것을 추천한다. 여러 가지 방식으로 도움을 주는 기관이 많아서 조금만 시간을 들여 검색한다면 자신에게 맞는 프로그램을 찾을 수 있다. 교육 과정을 통해 새로운 인생 설계를 위한 아이디어를 얻을 수 있을 뿐만 아니라 함께 도전해나갈 수 있는 좋은 동료들을 만날 수 있는 행운을 얻을 수 있을 것이다.

김 선생님은 은퇴 후에 사회로부터의 단절감 때문에 무척 괴로운 시간을 보냈다고 한다. 자신은 아직도 일할 능력이 있다고 생각하는데 일할 기회가 없어졌다는 사실이 큰 상실감이 되어 다가왔다. 이렇게 지낼 수 없다는 생각이 들어 이것저것 찾아보기 시작했다. 그러다 우연히 한 기관에서 은퇴한 사람들에게 유익한 교육을 제공한다는 사실을 알게 되었다.

김 선생님은 용기를 내어 교육 과정에 참여했다. 제2의 인생을 설계할 수 있도록 도와주는 프로그램이었다. 김 선생님은 이 과정을 통해 만난 교육생들과 힘을 합쳐 교육기관을 만들게 되었다. 동료들과 함께 시니어를 위한 한 연구원을 설립하여 참여자들의 고유한 경험과 지식을 정리해 사례 중심의 강의 콘텐츠를 만들었다.

더 나아가 한 유명 사립대학교와 협의하여 평생교육원에 교육 과정을 개설하는 일을 추진했다. 그리고 결국 퇴직 전후의 시니어들이 강사로서 활동할 수 있도록 기회를 제공하는 프로그램을 시작할 수 있었다. 이 과정을 통해 시니어들이 자신의 직업적 경험과 관심 분야를 접목해 새로운 인생을 살기 시작했다. 김 선생님과 동료들은 전문가를 초빙해 강의법을 보강하며 좋은 프로그램을 만들기 위해 노력하고 있다.

도전과 맞먹는 주요한 가치는 절대 포기하지 말아야 한다는 것이다. 좌절 감을 주는 순간이 오더라도 포기만 하지 않는다면 성실히 살아온 여러분은 강사가 될 수 있다. 끝까지 시도하면 성공한다고 믿어야 한다. 포기하지 않으면 목표에 도달하게 되어 있다는 진리를 가슴에 새겨야 한다. 어느 순간 멈춰버리면 도전은 거기서 끝나고 만다. 좌절하지 않고 전진하면 성장과 발전의 과정을 통과하게 될 것이다.

정 선생님은 이런 면에서 존경받을 만한 분이다. 대학에서 디자인 분야를 전공한 정 선생님은 60세가 되어서 새로운 도전을 시작했다. 자신의 전공 분야와 관련되면서 호기심 있는 분야의 자격증을 딴 후 강사로 활동하기로 마음먹은 것이다. 처음에는 망설였지만, 가족들의 응원에 힘을 얻었다. 엄마로서 성실히 살아온 정 선생님은 가족이 보기에도 새로운 인생을 개척할 수 있을 만큼 믿음직해보였기 때문이다.

정 선생님은 가족의 지원을 받으면 최선을 다해 도전하기로 했다. 도전을 시작하고 2년이 채 되지도 않아 정 선생님은 '토탈 공예 지도사', '창의 활동 지도사', '생태놀이 지도사' 등의 자격증을 땄다. 자신이 잘할 수 있는 분야를 정하고 곁가지를 그려나가듯 관심 분야의 공부를 한 것이었다. 자신감 있게 강단에 서고 싶어 강사 양성을 위한 심화 교육 과정에도 참여했다.

이제 정 선생님은 강사로서 인생 2막을 열었다. 다양한 기관에서 교육 프로그램을 진행하며 열심히 활동 중이다. 정 선생님은 배우는 삶 자체를 목표로 도전했기 때문에 여기까지 올 수 있었다고 회고한다. 매일 공부할 것이

자신만만 기적의 강의 비법

있었기 때문에 좌절하지 않았다고 했다. 지금도 강사로서 배울 것이 너무 많아 행복하다고 했다. 매일 달라지는 자신을 보는 일도 흥미진진하다고 하신다.

일단 실행에 옮기고 필요한 역량을 계속해서 개발해나가는 방법도 있다. 역량이 넓어질수록 꿈과 목표가 확장된다. 이를 위해 추천하고 싶은 방법은 특정 콘텐츠의 강사 양성 프로그램을 활용하는 것이다. 지금은 자신의 전문 분야가 아니지만 개발된 콘텐츠를 강의하는 강사로 훈련을 받아 강사 활동에 입문하는 것이다.

이러한 접근은 지금 당장 자신의 전문 콘텐츠가 없어도 강사 활동을 시작할 수 있도록 도와준다. 회사나 기관에서 이미 개발한 콘텐츠를 활용하여 강의할 수 있기 때문이다. 이런 기회를 통해 강의하는 경험을 축적할 수 있다는 것이 가장 큰 장점이다. 강의 경험을 통해 강의 활동과 관련된 다양한 방면에 대해 노하우가 생길 수 있다. 학생에 대한 경험이나 강의 방법에 대한 지식과 정보를 쌓을 수 있다.

권 선생님은 온라인 플랫폼에서 한국어 튜터로 활동하신다. 그는 우연한 기회에 한국어 튜터 교육 과정을 수료하고 회사와 인연을 맺었다. 권 선생님은 다양한 국적의 외국인들과 한국어로 소통하는 즐거움이 무엇인지 알게 된 것이 무엇보다 좋았다. 이것이 계기가 되어 그는 한국어 교원 자격에 도전하여 국가공인 자격증까지 받게 되었다.

권 선생님은 자신의 역할을 확장하려고 또 다른 준비를 한다. 좀 더 자격 조건을 갖춰 해외 파견 근무에 도전하는 것이다. 외국에 나가 현지 학생들에게 한국어를 직접 가르치는 일을 하고 싶단다. 온라인을 통해 만난 학생들을 오프라인에서 만난다면 얼마나 만족감이 클지 경험해보고 싶기 때문이다. 이를 위해 한국어를 잘 가르치기 위한 공부를 심도 있게 하고 싶은 의욕이 넘쳐난단다. 그래서 삶이 더 역동적이고 흥분된다고 한다.

더 나아가 권 선생님은 자신만의 '비지니스 한국어' 콘텐츠를 개발하는 것이 인생의 중요한 목표가 되었다. 호기심으로 접근한 한국어 튜터 활동을 열심히 하다 보니 공부를 하게 되었고, 결국 자신만의 콘텐츠를 만들겠다는 포부가 생긴 것이다. 권 선생님은 자신의 콘텐츠로 공부하는 많은 외국인의 모습을 머릿속에 그린다.

한국에 호기심이 많던 어린 소녀는 한국에 있는 대학교에 입학하기 위해 유학길에 오른다. 자기 나라에 있는 한국 회사에 들어가기 원했던 대학생이 취업에 성공한다. 어떤 외국인 사업가는 한국에서 창업을 시작한다. 한국으로 이주한 외국인 가정은 안정적으로 정착하여 행복한 삶을 누리게 된다. 이러한 상상은 머지않아 권 선생님이 만날 현실이 될 것이다.

자신만만 기적의 강의 비법

03

지금 당장 전문 강사 되기에 도전해야 하는 이유

나는 현직의 교수들과 교사들로부터 질 높은 강의를 만들기 위해 시간을 많이 투자하는 일이 힘들다는 얘기를 들었다. 이유는 강의 준비할 충분한 시간을 확보하기가 어렵기 때문이라고 말한다. 강의하는 일 이외에 수행해야 할 다른 업무들이 많다는 의미이다. 실제로 교수나 교사 모두 강의 이외에 처리해야 할 일이 많기는 하다. 경험이 있는 나는 어느 정도는 이해할 수있다.

그러나 정말 양질의 강의를 준비하기 위한 시간 부족이 모든 이유가 될까? 나는 그들이 처음부터 전문 강사가 되기 위해 훈련하지 않은 것이 진짜

273

이유가 되지 않을까 생각해본다. 전문 강사란 전문적으로 강의를 설계하고 개발할 수 있는 경험과 노하우를 실천할 수 있는 사람이다. 앞의 장들에서 다룬 강의와 관련한 다양한 지식과 기술을 목적에 맞게 활용할 수 있는 강사 말이다.

대학교수와 중등학교 교사는 현직에서 자신의 전문 분야의 콘텐츠를 강의하는 사람들이다. 그러나 모두가 전문 강사가 되어 강의하는 일을 수행하고 있지 않을 수도 있다. 처음부터 강의할 수 있는 위치와 자격을 부여받고 시작했기 때문에 학생들의 만족도에 관심 없이 강의하는 일을 했을 수 있다. 학생들의 요구를 분석하며 굳이 강의 개선을 위한 노력을 할 필요를 느끼지 못했을 수도 있다.

현직에 있는 교수와 교사일수록 전문 강사 되기에 도전할 것을 추천한다. 왜냐하면, 현직 교수와 교사에게 강의하는 일은 자신이 수행하는 업무 가운데 가장 중요한 일 중 하나일 것이기 때문이다. 사람은 자신에게 주어진 일을 최상의 수준으로 수행해낼 때 자기효능감이 높아진다. 높은 자기효능감은 자신의 수행 수준을 높이기 위해 끊임없이 노력하는 원동력이 되어준다.

실제로 교수 효능감이란 주제의 연구 결과에 따르면 교수 효능감은 강의 활동의 다양한 방면과 밀접한 관련이 있다. 교수 효능감이란 일반적으로 가르치는 활동과 관련한 다양한 과제를 성공적으로 해낼 수 있다는 자기 자신에 대한 믿음을 의미한다. 강의 활동을 통해 학생들의 학습 성취를 높이고 효과적으로 학습 과정을 촉진할 수 있는 능력이 있다고 믿는 것이다. 높은 교수 효능감을 가진 강사는 학생들의 학습 활동에 긍정적인 영향을 미치는 것으로 알려져 있다.

구체적으로 말해서, 교수 효능감이 높은 강사는 어떤 면에서 전략적인 학습자이기도 하다. 전략적인 학습자는 자신의 학습 과정을 모니터링하며, 학습상의 문제점을 스스로 개선하면서 학습의 효과를 높이기 위해 최선을 다하는 학습자이다. 마찬가지로 교수 효능감이 높은 강사는 자신의 강의 활동을 객관적으로 들여다보며 학생들의 학습을 촉진하기 위해 다양한 방법을 스스로 배우는 특징을 가지고 있다.

실제로 많은 연구 결과에 따르면 교수 효능감이 높은 강사는 새로운 교수 방법과 자료를 적극적으로 수용하여 활용하는 특징을 보인다. 이는 가르치는 사람이 중심이라는 생각에서 학생들의 학습이 중요하다는 인식으로 관점이 바뀌었다는 것을 의미한다. '내가 무엇을, 어떻게 가르칠까?'에서 '어떻게 하면 학생들이 의미 있는 학습 활동을 경험하도록 도와줄 수 있을까?'를 고민한다는 것이다.

특히 높은 교수 효능감은 학생들의 성취가 부진할 때 빛을 발한다. 교수 효능감이 높은 강사는 학생들의 실패 상황에 당황하거나 좌절하지 않는다. 더구나 부족한 성취 결과를 학생 탓으로 돌리지 않는다. 왜냐하면, 자신의 교수 방법이 효과적이지 못했기 때문에 학생들의 학습이 성공적이지 못하다고 해석하기 때문이다. 이런 해석은 자신의 강의를 개선하기 위한 노력으로 이끈다.

친한 지인인 양 교수님이 정년 퇴임 시기를 2년 남기고 이른 은퇴를 결심하셨다는 소식을 들었다. 나는 어떻게 된 사연인지 궁금하여 안부 인사를 핑계로 양 교수님을 방문하였다. 양 교수님은 수업시간에 학생들이 자신을 싫어한다는 느낌을 받는다고 말씀하셨다. 심지어 교실 분위기가 너무 냉랭하여 학생들이 '교수님, 강의 그만 듣고 싶어요.'라고 말하는 것 같다고 느끼신다는 것이다. 그동안 신경 쓰지 않았던 강의 평가점수까지 낮게 나오니 학교에 나오기가 점점 싫어진다는 것이었다.

나는 교수님의 낮은 교수 효능감이 최근에 형성된 것이 아니라는 사실을 감지할 수 있었다. 교수님과 자연스럽게 이런저런 이야기를 하면서 나는 다음과 같은 사실을 알게 되었다. 양 교수님은 50대 중반부터 학교 보직을 맡아 교수 본연의 업무인 연구와 강의에서 멀어져 행정적인 일로 바빠지기 시작했다. 강의하는 시간도 줄었지만, 강의 준비에 들이는 시간도 확보하기 어려울 만큼 마음의 여유가 없었다. 이후 한동안 강의는 뒷전이었던 것도 사실이다.

여러 가지 보직을 수행하고 다시 교수의 업무에 충실할 수 있는 시기가 왔다. 바로 1년 전이다. 양 교수님은 정년도 얼마 남지 않았으니 학생들에게 최선을 다해보려고 마음먹었다. 강의 준비에도 많은 시간을 들여 나름대로 열심히 준비했다. 그런데 돌아오는 것은 학생들의 차가운 반응이었다. 양 교수님은 요즘 학생들은 나이든 교수를 싫어하고, 젊은 교수를 좋아하는 것 같다고 결론을 내리셨다.

교수님은 나에게 강의 잘하는 효과적인 팁 몇 가지만 알려달라고 요청하셨다. 나는 팁을 알려드리는 대신 학생들을 위해 평생 수고하셨다는 말씀을 드렸다. 몇 가지 팁으로 해결할 수 있는 문제가 아니었기 때문이다. 정년 퇴임이 가까운 시기는 교수 효능감이 높은 전문 강사가 되기 위한 훈련을 하기에는 너무 늦었다고 생각한다. 강의를 시작할 때부터 전문 강사 되기를 훈련할 필요가 있다.

지금 당장 전문 강사 되기에 도전해야 하는 또 다른 이유는 실제로 강의 평가가 이루어지고 있기 때문이다. 학생들이 준 낮은 평가점수는 교수 효능감에 손상을 준다. 처음에는 심리적으로 위축될 수 있지만, 나중에는 강의하는 일이 싫어질 수도 있다. 심지어 가르치는 일이 가치가 없다는 느낌이 들면서 직업에 대한 자긍심이 하락할 수도 있다. 이런 생각과 감정은 나쁜 에너지를 만들어 학생들에게 그대로 전달된다. 학생들도 강사를 불편하게 생각한다. 이것은 자연법칙이다.

나쁜 평가가 반복되면 방어기제를 사용하기 시작할 수도 있다. '학생들이 평가나 제대로 하겠어?'라고 생각하며 학생들의 반응을 대수롭지 않게 생각할 수도 있다. 지금까지의 나의 경험으로 보았을 때 학생들의 반응은 비교적 정확하다. 강의 평가를 통해 강의의 질을 향상하기 위한 다양한 정보를 얻

277

을 수 있다. 그러나 이런 정보는 학생들을 위해 자신의 강의를 개선해야겠다는 의지를 가진 사람들에게만 보인다.

최 선생님은 사립 고등학교에 재직하고 계신다. 최 선생님은 강의 평가결과를 확인하는 일이 고통스럽다고 하신다. 특히 서술형으로 적힌 반응을 읽을 때는 가슴을 쓸어내리는 경우가 한두 번이 아니다. '선생님, 학교 언제 그만두실 거예요? 학교 그만 나와주세요.'라고 쓰여 있기 때문이다. 최 선생님은 그런 혹독한 반응이 나오는 이유가 학생들이 다양한 동영상 강의에 노출되면서 눈이 높아졌기 때문이라고 해석한다.

나도 이러한 해석에 어느 정도는 동의한다. 잘 가르치는 동영상 강사는 학생들이 먼저 알아보기 때문에 스타 강사가 되는 일이 흔하게 벌어지기도 한다. 실제로 유명 강사가 아니더라도 EBS에서 제공하는 선생님들의 강의는 질이 좋다고 말할 수 있다. 교육기업이 제공하는 유료로 수강할 수 있는 프로그램 중에도 좋은 강의를 쉽게 발견할 수 있다.

이러한 강의를 만들기 위해 제공 기관과 선생님들이 협업하여 프로그램화하는 작업을 진행했을 것이다. 좋은 강의를 제공하기 위해 어느 정도의 질 보장을 위한 시스템을 구축했을 것이다. 독립된 교실에서 선생님이 자기만의 방식으로 강의를 진행하는 것과는 다르다. 이렇게 프로그램처럼 기획되어 만들어진 강의에 익숙한 학생이 학교 선생님들의 강의는 그렇지 않다는 것을 알아채는 데는 그리 오랜 시간이 걸리지 않을 것이다.

그러니 전문 강사 되기에 도전해야 한다. 학습자의 요구를 분석하고, 강의의 적절한 구성 요소들을 설계하여 어느 정도는 프로그램처럼 강의를 개발할 수 있어야 한다. 이 책에서 다룬 내용을 실제 강의에 적용하려고 노력한다면 충분히 전문 강사가 될 수 있다. 노련한 전문 강사가 되면 강의 준비에 많은 시간을 들이지 못하는 시기가 오더라도 효과적으로 강의할 수 있다. 충분한 훈련과 의미 있는 경험들이 축적되어 있을 것이기 때문이다.

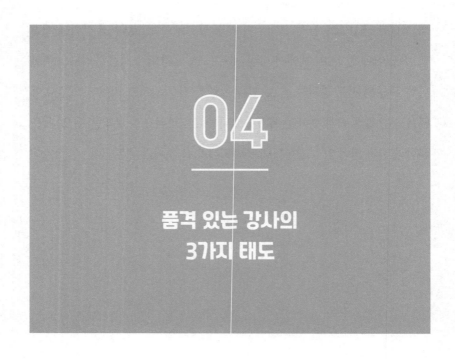

04

품격 있는 강사의
3가지 태도

1. 자신감 있는 태도

나는 품격 있는 강사의 자질로 가장 먼저 자신감 있는 태도를 꼽고 싶다. 자신감은 주어진 과제를 성공적으로 수행할 수 있다는 자신에 대한 일반적인 기대감과 믿음이다. 자신감은 특정 과제마다 다르게 나타날 수 있다. 자신의 지적·신체적·정서적 분야에 따라서도 다르게 형성될 수 있다. 자신감은 자신의 노력 여부에 따라 조절 가능하다는 것을 이해해야 한다. 자신감은 변화하기도 하고 발전하기도 하며 개발되기도 한다.

신체 운동 활동은 자신감 개발에 영향을 미칠 수 있다. 객관적인 외모 평가가 어떻든 우리는 남과 비교하지 않고 나의 인상에 긍정적인 마인드를 가질 수 있다. 이를 위해 중요한 것이 운동이다. 특히 정신적으로나 경제적으로 어려운 환경에 처했을 때 운동의 힘은 놀랍다. 인생의 가장 힘든 시기에 운동으로 마음을 다잡은 유명인들의 이야기는 특별한 것이 아니다. 매일 일정 시간 유산소 운동과 약간의 근력운동을 할 것을 추천한다.

운동은 인간의 부정적 사고를 긍정적으로 전환하는 효과가 있다고 알려져 있다. 적절한 양의 운동을 함으로써 우리는 사회생활에서 받는 스트레스를 해소하는 능력을 올릴 수 있다. 그리고 운동은 마음이 편안해지는 이완 효과를 주어 대인 관계도 원만하게 유지하도록 돕는다고 한다. 실제로 많은 연구 결과와 논문은 운동이 우리의 자신감과 학습 능력에 미치는 긍정적인 영향에 대해 보고하고 있다.

자신이 개발하고 싶은 역량이나 능력을 설정하여 훈련하는 것만으로도 자신감은 긍정적으로 작동한다. '글쓰기 능력'이나 '창의력'과 같은 것이어도 좋다. 매일 자유 주제로 반 페이지 정도의 글쓰기를 하거나 하루의 삶을 돌아보는 성찰 일기를 작성할 수 있다. 일상생활에서 처리해야 할 과제가 생겼을 때 마인드맵을 그려 발산적 사고를 훈련해볼 수 있다. 또는 브레인스토밍을 실천하여 필요한 아이디어를 찾아낼 수도 있다.

능력 개발을 위해 중요한 것은 '능력은 증가하는 것'이란 믿음을 갖는 것이다. '능력은 고정된 것'이라고 믿는 사람들은 발전하기 어려울 수 있다. 타고

난 능력이 변하지 않는다고 믿는다면 개선을 위해 어떻게 노력할 수 있을까? 반면에 능력 증가 신념을 가지고 있는 사람들은 실패를 두려워하지 않는다. 왜냐하면, 포기하지 않고 계속해서 노력하면 능력이 개발된다는 것을 경험으로 알고 있기 때문이다. 실제로 능력은 다양한 경험을 통해 개발된다.

나는 한국 음식에 대한 요리 실력을 크게 높인 경험이 있다. 몇 년 전 미국 사우스캐롤라이나주 클렘슨 지역에서 생활할 때였다. 클렘슨은 대학 중심 마을이어서 이렇다 할 동양 식당이 거의 없었다. 미국의 전형적인 레스토랑에서 하는 식사는 너무 비싸 자주 이용하기 어려웠다. 그렇다고 햄버거를 계속 사 먹을 수도 없었다. 집에서 한식을 요리해 먹는 것 외에는 뾰족한 방법이 없는 환경에 처한 것이다.

하루 2끼 이상 가족을 위해 식사 준비를 해야 하는 상황이 되자 나는 메뉴의 한계를 느꼈다. 나는 방법을 찾다가 한국 요리 프로그램을 매일 한 편씩 보기 시작했다. 그리고 그대로 따라 하려고 노력했다. 음식의 종류가 늘어가면서 날이 갈수록 맛이 좋아지기 시작했다. 1년 후 한국으로 돌아갈 때쯤엔 내가 요리할 수 있는 메뉴가 엄청나게 늘어 있었다. 이제는 레시피만 보고도 어렵지 않게 요리할 수 있게 되었다.

인간관계에 대한 친밀하고 지지적인 경험은 자신감을 높여준다고 알려져 있다. 이러한 경험을 위해 진심으로 마음을 다해 사랑하는 대상을 갖는 것이 필요하다. 어떠한 보상과 대가를 바라지 않고 사랑할 수 있는 대상, 그의

자신만만 기적의 강의 비법

안녕과 행복을 온 마음을 다해 바랄 수 있는 그런 대상을 아무런 판단도 하지 말고 요구하는 것 없이 진심으로 사랑하고 축복하라. 이러한 경험은 긍정적인 자아상을 갖도록 도와준다.

비슷한 의미로 순수한 마음으로 만날 수 있는 모임이나 커뮤니티에 소속되는 것도 도움이 된다. 이러한 모임은 이익을 추구하거나 서로 경쟁하지 않는 문화를 가지고 있어야 한다. 구성원의 사회적 지위에 상관없이 하나의 목적을 위해 서로 돕는 커뮤니티일 필요가 있다. 그곳에서 다른 사람들과 용기와 영감을 주고받는 순수한 활동에 참여하라. 이는 소속감을 높이며 자신감을 유지하도록 도와준다.

나는 교회의 소그룹 모임을 통하여 이러한 경험을 갖는다. 우리는 하나님에 대한 주제로 주로 상호작용한다. 개인의 신앙에 대한 체험을 공유하기도 하지만 사담을 불편하게 여긴다. 성경 말씀을 통해 서로의 삶을 지지해준다. 나의 얘기나 남의 얘기가 아닌 성경 말씀과 관련된 내용만으로 소통하니 정말 마음이 편하다.

2. 긍정 에너지를 훈련하는 태도

품격 있는 강사가 되고 싶다면 긍정 에너지를 갖도록 훈련할 것을 추천한다. 긍정 에너지를 훈련하기 위해 나만의 시간을 갖는 것은 너무 중요하다. 자신에 대해 돌아보고 점검하며 나를 살피는 활동은 긍정 에너지를 비축하기 위해 꼭 필요하기 때문이다. 나에게 의미 있는 모든 것에 대해 생각하며 내 마음이 괜찮은지 살펴준다.

나는 매일 30분에서 1시간 정도 산책을 하며 기도를 한다. 기도의 시작은 감사하기를 실천하는 것으로 한다. 내가 누리고 있는 것과 앞으로 받게 될 것에 대해 감사하는 것이다. 감사하기의 긍정적 효과는 매우 크다. 실제로 다양한 자기계발 도서 작가나 동기를 고무하는 활동에 참여하는 사람들이 이를 강조하는 이유이다. 이제는 사람들이 일반적인 상식처럼 감사하기에 대해 알고 있다. 중요한 것은 어떤 방식으로든 감사하기를 실천하는 것이다.

그다음 나는 자기 성찰과 반성을 한다. 내가 알게 모르게 한 실수에 대해 돌이켜 생각해본다. 부정적인 행동이나 말을 한 적이 있는지 점검한다. 사람들에게 부적절한 반응을 했는지 곰곰이 생각해본다. 나에게서 나온 모든 부정적인 감정에 대해 내려놓듯 고백한다. 그러면 나는 새롭고 정결해진 느낌을 받는다. 모든 나쁜 에너지를 다 흘려보낸 것 같은 경험을 한다.

마지막으로 나는 축복하는 기도를 한다. 우선 나는 모든 인류를 대상으로 행복한 일만 경험하기 바라는 마음을 표현한다. 모든 사람이 하나님의 축복을 받기 바라는 것이다. 인류애를 표현하는 기도를 하고 나면 이상하게도 내가 넓어져 있다는 느낌을 받는다. 그다음 가족과 친척과 지인들을 위해 그들의 모든 필요가 채워지기를 기도한다. 그들이 항상 성장하고 발전하기를 축복한다. 그들의 건강과 안녕과 행복을 기원한다.

기도 후에 내가 느끼는 감정은 풍요함이다. 풍요한 마음 상태인 사람이 부정적인 에너지를 발산하기는 어렵다. 얼굴에는 미소가 번지고 발걸음은 가벼워진다. 사람들에게 친절해지고 인사도 활기차게 하게 된다. 혹 부정적인 사람을 만나 기분이 나빠질 상황이 되어도 쉽게 나쁜 감정에 휘말리지 않는다. 그 사람의 결핍 상태를 감지하게 되어 오히려 연민의 정을 느끼게 되기 때문이다.

어떤 방법을 선택하든 매일의 실천을 통해 긍정적인 에너지를 저축하라. 자신에게 닥치는 모든 상황을 조절하고 사람들에 휘둘리지 않을 만큼의 긍정 에너지는 필수이다. 적어도 부정적인 상황에 조금 흔들리더라도 바로 긍정의 상태로 돌아올 수 있는 회복 탄력성의 힘을 발휘할 수 있다면 매우 좋다. 언제 어디서든 긍정 에너지를 발산함으로 사람을 도울 수 있어야 한다. 나는 좋은 강의는 양질의 강의 내용을 통해 긍정 에너지를 전달하는 과정이라고 강조해왔다.

3. 강의 성찰하기와 개선 활동

강의하는 일을 하다 보면 여러 가지 문제 상황이라고 여겨질 만한 일이 발생할 수 있다. 내가 원하는 강의 반응이나 성과가 나오지 않을 수도 있다. 예기치 못한 청중이나 학생을 만나게 될 수도 있다. 문제 상황에서 자신의 대처 방법에 잘못된 점이 있다는 것을 인식하게 될 수도 있다. 좀 더 좋은 강의를 하고 싶은데 어떻게 바꿔야 할지 잘 모를 수도 있다. 이러한 상황을 만나

285

게 될 경우, 덮어두고 그냥 지나치지 말기를 바란다. 문제 상황에 숨어 있는 의미가 무엇인지 반드시 확인할 필요가 있다.

이를 위해 강의 성찰하기를 추천한다. 품격 있는 강사가 되기 위해 성찰하기는 필수적인 활동이라고 말하고 싶다. 구체적인 성찰을 통해 강사는 자신의 강의 활동 전반에 대해 점검할 수 있다. 강의 준비에서부터 강의를 끝내고 청중의 반응을 확인하는 과정까지 반성하며 되짚어본다. 이러한 성찰의 유익한 점은 개선해야 할 부분을 찾을 수 있다는 것이다. 그다음 의미 있는 방식으로 자신의 강의 과정에 피드백해서 적용하면 된다.

좋은 상품이나 양질의 서비스를 제공하기 위해 질 관리는 매우 중요하다. 개선을 통해 모든 결과물의 질을 높은 수준으로 높일 수 있다. 이런 의미에서 강의 개선 활동은 강의의 질을 보장하는 안전장치의 역할을 한다. 지속적인 성찰 과정을 통해 강의 개선을 하는 일은 강사로서 의무라고 생각하는 것이 좋다. 매번의 강의 활동 후 성찰하는 것을 추천한다. 무엇이 문제인지 분명히 인식할 수 있을 뿐만 아니라 문제에 대한 원인과 해결책을 찾아낼 수 있기 때문이다.

05

매일 배우고
그 배움으로 나누는 사람이 되라

    강사는 사람을 대상으로 일하는 사람이다. 그것도 사람에게 어떤 영향력을 끼칠 수 있는 영역의 사람이라는 것을 인식할 필요가 있다. 그 영향력은 사람을 살리고 돕는 선한 것이어야 한다. 이를 위해 강사는 사람 자체를 바라보는 시선이 따뜻하고 긍정적일 필요가 있다. 이런 의미에서 강사는 항상 사람 공부에 마음이 열려 있어야 한다.

    배움을 좋아하는 사람은 강사로서 재능을 타고났다고 생각해도 좋을 것 같다. 나는 이러한 특성은 말 잘하는 능력보다 더 중요하다고 생각한다. 무엇이든 배우는 것을 좋아하는 사람은 기본적으로 성장하려는 욕구가 강하다

287

고 말할 수 있다. 정체하고 있는 것이나 변화하지 않는 것을 터부시하며 어떠한 방식으로든 성장을 택하는 사람이다. 성장하기를 두려워하지 않고 기꺼이 즐기는 사람이기도 하다.

이들에게 주어지는 하루하루는 실제로 배움의 장이다. 소소한 관찰을 통해 배우고, 의식적인 발견을 통해서도 배운다. 이들이 만나는 자연과 사람과 크고 작은 세상은 배움의 통로로 열려 있다. 실제로 이들은 모든 것으로부터 배운다. 배움을 좋아하는 특성은 이들의 레이더망을 예민하게 만든다. 이들의 레이더망을 통해 많은 것들이 포착된다. 이들의 삶은 대체로 바쁘다. 자신이 보고 배운 것을 의미화하는 과정을 실천해야 하기 때문이다.

1. 자신의 콘텐츠와 인접 분야 지식 확장하기

자신이 강의하는 콘텐츠나 인접 분야의 지식을 꾸준히 탐구하여 넓혀가는 일도 필요하다. 관련 분야의 새로운 기술과 실험 등도 공부할 필요가 있다. 이를 위해 학회나 소규모 연구 모임에 참여할 수 있다. 같은 분야의 사람들과 상호 소통하며 지식이나 정보를 교류하는 것이다. 사회적 상호작용을 통해 얻는 정보는 우리를 고무하며 독려하는 힘을 가지고 있다.

내가 다루는 콘텐츠 분야로 나는 학습 동기 분야를 계속 공부하고 있다. 새로운 연구 주제와 주요 연구 트렌드를 따라잡기 위해 학위 논문과 학술지에 게재된 논문을 리뷰한다. 익숙한 분야의 지식을 추구할 때 장점은 많은 시간을 들여 공부하는 것처럼 부담이 되지 않는다는 것이다. 편하게 훑어보기로도 내용을 파악할 수 있다.

자신의 주요 콘텐츠 분야뿐만 아니라 새로운 관심 분야도 지속적인 학습활동으로 전문성을 가질 수 있다. 최근에 내가 관심이 생긴 분야는 창업과 기업 경영에 관한 것이다. 어느 날 딸아이가 자기는 커서 회사를 만들어 CEO가 되고 싶다는 말을 했다. 나는 아이의 꿈을 응원하기 위해 관련 분야 공부를 시작했다. 언제든 아이가 도움이 필요할 때 지지해주고 싶기 때문이다.

아이와 같은 꿈을 가지고 도전한 사람들의 사례를 찾다가 『생각의 비밀』과 『파리에서 도시락을 파는 여자』라는 책을 읽게 되었다. 이 책들의 저자들은 물려받은 부를 통해 부자가 된 것이 아니라 긍정적인 생각으로 자신이 원하는 회사를 일군 사람들이었다. 실패로부터 배워 노력하며 기회를 잡고 성실하게 선한 가치를 가지고 회사를 운영하고 있었다. 이분들의 CEO가 된 과정은 정말 평범한 사람도 도전할 수 있다는 용기를 준다. 또한 CEO로서 가져야 할 마음가짐과 배워야 할 가치관을 가르쳐준다.

2. 다양한 간접 경험을 통해 배우기

우리는 다양한 간접 경험을 통해 많은 것을 배울 수 있다. 내가 간접 경험을 위해 주로 활용하는 것은 실용적인 다양한 도서들이다. 내가 읽는 책들은 주로 동기 부여에 관한 것이다. 삶의 지혜나 비법을 소개하는 책은 나의 삶에 적용하기에도 매우 도움이 된다. 이러한 책들에서 강의하면서 필요한 다양한 에피소드를 빌려올 수 있고, 다양한 아이디어를 제공해준다. 더구나 우리 아이를 위한 동기 고무적 멘트가 필요할 때도 유용하게 인용할 수가 있다.

나는 다큐멘터리 시청하는 것도 매우 좋아한다. 다큐멘터리 시청을 통해 다양한 정보를 얻을 수 있을 뿐만 아니라 주제를 입체적으로 이해할 수 있기 때문이다. 공부법이나 학습 동기에 대한 다큐멘터리는 내가 즐겨보는 콘텐츠다. 나에게 익숙한 내용이지만 제작자들이 고심해서 선정한 다양한 사례를 보는 것이 재미있다. 〈동기, 실패를 이기는 힘〉은 내가 수업시간에 활용했던 프로그램이기도 하다. 학습 전략이란 주제를 강의할 때도 공부법 다큐멘터리에서 제공한 예를 활용하기도 했다.

3. 다양한 직접적인 경험을 통해 배우기

우리는 직접적인 경험으로부터 많은 구체적인 것을 배운다. 어떠한 일에 종사하든 우리는 업무 수행 경험을 통해 자신이 하는 일에 점점 능숙해지고 노련해진다. 이러한 이유로 경험은 특정 업무의 수행 능력을 판단하기 위한 주요한 지표로 사용되기도 한다. 따라서, 직접적 경험의 중요성은 아무리 강조해도 지나치지 않을 것이다.

나는 다년간의 강의 경험을 통해 강의를 설계하고 개발하며 가르치는 능력이 매년 향상되었음을 고백할 수 있다. 좋은 강사가 되려는 사람은 이 책에서 제공하는 노하우와 팁을 활용하여 성실하게 강의하기 바란다. 자신도 모르게 만족할 만한 강의 능력을 발휘할 날이 올 것이다. 성실하게 통과하는 실제적인 경험의 과정만이 자신이 원하는 열매를 맺을 수 있도록 도와줄 것이다.

나는 자존감이 어떤 것인지 제대로 알게 된 경험이 있다. 딸아이는 중학교 2학년이 되면서 내가 알지 못하는 이상한 아이가 되었다. 딸아이는 학교생활 전반에 흥미를 잃으면서 학교를 그만두겠다고 선포했다. 나는 이유를 알 수 없었다. 그 당시만 해도 딸아이는 자신의 감정을 진솔하게 표현하는 일이 익숙하지 않은 상태였다. 그러니 아무리 이유를 물어 보아도 그냥 싫다는 대답밖에 들을 수 없었다.

담임 선생님과의 상담 후에 나는 아이의 초등학교 시절을 살펴보라는 팁을 들었다. 그런데 문제는 아이의 초등학교 시절이 기억나지 않는다는 것이었다. 그 시기는 일하느라 바빠서 정신없이 살던 때였다. 아이가 어떤 친구를 사귀는지, 학교에서 어떻게 지내는지 물어본 기억도 나지 않는 것이었다. 매일매일 기억을 되살리는 노력이 시작되었다.

2개월이 지나서야 나는 5학년 때 담임 선생님이 하신 말씀이 겨우 떠올랐다. 아이가 친구 없이 혼자 지내는 것이 너무 안타깝다는 것이다. 4학년 때 전학 온 아이는 낯선 환경에 주눅 들어 5학년까지 친구를 사귀지 못하고 생활하고 있었다. 연민과 걱정이 들었지만 나는 방법을 찾기 위해 시간을 소요할 여유가 없었다. 방법을 찾더라도 실천으로 옮기기엔 위험 부담이 커 보였다. 친구 문제이기 때문에 아이의 자존심을 상하게 할 수도 있다고 생각했다. 그래서 나는 상황이 좋아지기를 기도하며 아이가 처한 상황을 모른 체하고 넘어갔다.

중학교 2학년이 되어 함께 다니던 그룹의 친구가 다른 친구와 더 친해지고 싶어 우리 아이를 멀리하는 일이 생겼다. 아이는 상처를 많이 받은 것 같았다. 아이는 자존감이 하락하면서 우울감을 표현했다. 자신은 친구들이 싫어하는 사람이라며 괴로워했다. 초등학교 때의 외로운 경험과 겹쳐지면서 학교는 자신을 힘들게 하는 곳이라는 잘못된 믿음을 갖게 된 것이었다.

나는 아이의 어려움을 함께 경험하면서 자존감이 낮아진 사람들의 다양한 특징에 대해 알게 되었다. 이들은 잘못된 시각과 신념으로 현실을 왜곡하여 해석한다. 이런 이유로 불필요한 감정 소모에 시달린다. 자신을 둘러싸고 있는 사람과 환경에 대해 부정적으로 반응한다. 더 큰 문제는 인간관계의 모든 원인을 자신의 탓으로 돌리는 부정의 굴레에 빠진다는 것이다. 나는 자존감이 삶의 질에 미치는 영향이 얼마나 큰지 몸소 깨달았다.

아이의 자존감을 올리기 위해 나는 어떻게 아이가 생각을 바꾸고 감정을 조절해야 하는지 다양한 방법을 찾아나갔다. 아이에게 작은 성공 경험을 주기 위해 소소한 생활 속의 과제를 만들어 실천해나갔다. 1년이 넘는 과정 동안 함께 노력하면서 잘못된 믿음과 부정적 개념들을 고치고 바꾸었다. 나는 이제 자존감의 하락으로 고통받는 사람들을 어떻게 도와야 할지 안다. 이론적인 공부보다 직접적인 경험은 강렬하고 구체적인 학습 결과를 제공한다.

우리는 매일 의도적으로로든 자연스럽게든 많은 것을 배운다. 어제의 나는 오늘의 내가 아니다. 나는 매일 성장하고 변화한다. 자신이 변화하지 않는다고 느낀다면 이유는 닫혀 있기 때문이다. 내 생각과 감정과 의지를 배움을 위해 열어두면 많은 것들이 내 안으로 들어온다. 나만의 자산으로 의미화하여 내면화하는 과정이 필요할 뿐이다. 매일 열심히 배우고 배운 것을 강의를 통해 사람들과 나누라. 그것은 행복하고 보람된 삶의 과정이다.

전문 강사가 되어 자신 있게 강의하라

교육공학이라는 나의 전공 영역에서는 변화를 두려워하지 말아야 한다. 새로운 학습 패러다임이나 실험적 트렌드가 등장할 때 빠른 속도로 연구하여 교육적 실천으로 이끄는 방법을 찾아야 한다. 새로운 방향에 대한 비판이나 논쟁을 하는 분야가 아니라 발 빠른 대처를 통해 방법이나 전략을 끌어내는 쪽에 가까운 학문이다. 이런 이유로 내가 좋은 강의를 개발하기 위해 다양하게 노력했던 것은 엄청난 일이 아니다. 변화에 대처하는 전공 영역의 문화가 가르쳐준 것을 실천했을 뿐이다.

한 문화를 습득하는 데는 시간이 걸린다. 문화의 사고체계나 행동 양식을 하나둘 따라 하면서 자연스럽게 동화되는 과정을 경험한다. 즉, 그 문화의 초보자에서 전문가로 발전해가는 것이다. 초보자의 시절은 부끄럽지 않다. 누구나 초보자로 시작하기 때문이다. 그러나 그 문화의 전문가가 되기 위해서 그에 맞는 사고와 행동 양식을 실천하는 것은 꼭 필요한 일이다. 그러한 문화적 산물을 능숙하게 표현하게 되었을 때 그 문화 사회의 일원이 된다.

나는 전문 강사의 세계와 문화로 안내하기 위해 이 책을 썼다. 청중의 진정한 변화를 고민하며 강의 목표를 잡고, 효과적인 내용을 선정하고, 청중에게 도움이 되는 다양한 전략을 설계하는 전문 강사. 그래서 강의를 듣는 대상이 누구든 강의에 만족하고 감사하며 웃음 짓게 만드는, 그런 강의를 개발하는 강사. 그런 강사의 강의를 통해 많은 사람이 능력을 키우고, 성장하고, 긍정적으로 변화하며 삶의 의미를 찾게 되기를 바란다.

나는 강의와 관련하여 주변에서 안타까운 상황을 적잖이 봐왔다. 수업시간에 배운 내용이 아닌 범위에서 이상한 문제를 내 학생들을 좌절시키는 고등학교 선생님, 낮은 점수의 강의 평가를 받았는데도 강의 개선을 위해 아무런 노력도 하지 않는 대학교 교수님, 강사의 사적인 얘기로 강의를 채워 청중에게 실망을 준 인터넷 신문사 대표님, 그저 그런 내용과 전략 없는 강의로 대학원생의 기대를 저버린 실력 있는 전문 컨설턴트 님.

강의하는 일을 직업으로가 아닌 사명감을 실천하는 일로 생각해주기 바란다. 강의가 돈을 벌기 위한 수단이 아닌 나에게만 주어진 소명이 될 때 우리는 누군가에게 꼭 필요한 사람이 되어줄 수 있다. 강의를 통해 사회 구성원의 성장과 발전에 기여한다고 생각하는 것이다. 우리 사회의 발전을 위해 나에게 주어진 사회적 책무의식을 실천한다고 믿을 때 우리는 많은 사람을 긍정적으로 변화시킬 수 있다.

누구나 강의할 수 있는 시대가 왔다. 강의하기 위해 학위를 받으러 대학원에 진학하지 않아도 되고, 자격증을 딸 필요는 더욱 없어졌다. 원하는 사람들에게 도움을 줄 수 있는 콘텐츠나 노하우만 있으면 이제 누구나 자신만의 강의를 진행할 수 있다. 다양한 플랫폼을 검토하여 나에게 맞는 것을 선택하면 된다. 이제 말로만 하는 강의나 강사의 인기로 하는 집합 강의도 사라질 것이다. 명확한 콘텐츠로 구체적인 변화를 이끌어주는 설계된 강의만이 유효할 것이다. 5G 시대에 많은 강사가 설계 마인드를 장착하고 다양한 전략을 구사하며 자신만만하게 강의하게 되길 바란다.